Jürgen H. Schmidt

AF140934

Begegnungen in Peru

Urwaldindianer auf dem Weg ins 21. Jahrhundert

Im Gedenken an Okama
und
zum Dank an meine Freunde und Unterstützer,
durch die diese Begegnungen erst möglich geworden sind.

Herzlich danken möchte ich
Martha, der besten Ehefrau von allen,
meiner Mutter, Johanna Schmidt († 2007),
sowie Frau Antonie Anton,
die das Manuskript der Erstauflage 2007
gelesen und korrigiert haben.

Ein zusätzliches Dankeschön gebührt dir, liebe Martha:
Für die Korrektur der zusätzlichen Kapitel in dieser Neuauflage,
besonders aber dafür, dass du mich Jahr für Jahr wieder nach
Peru ziehen lässt!

Jürgen H. Schmidt

Begegnungen in Peru

Urwaldindianer auf dem Weg ins 21. Jahrhundert

Bibliografische Information der Deutschen Nationalbibliothek
Die Deutsche Nationalbibliothek verzeichnet diese Publikation in der
Deutschen Nationalbibliografie; detaillierte bibliografische Daten sind im
Internet über http://dnb.d-nb.de abrufbar.

ISBN 9783738621273

Herstellung und Verlag: Books on Demand, Norderstedt

Titelbild und Fotos im Buchblock: Jürgen H. Schmidt

Foto auf Seite 1: Alexander Widmer; mit freundlicher Genehmigung

Inhalt

Vorwort

Seit dem Erscheinen der ersten Auflage von „Begegnungen in Peru" im Mai 2007 sind inzwischen acht Jahre vergangen. Obwohl ich seit 2006 meinen festen Wohnsitz wieder in Deutschland habe, war ich zwischenzeitlich fast jedes Jahr einmal im peruanischen Urwald – derzeit bereite ich meine neunte Reise vor. Dabei hatte ich viele weitere „Begegnungen in Peru" – mit Menschen aus den verschiedensten Volksgruppen, die allesamt einmalig, spannend und interessant waren. Bei jeder Reise gab es wieder Neues zu entdecken, mit den damit verbundenen Möglichkeiten den persönlichen Horizont zu erweitern und dazu zu lernen.

Das Land Peru begeistert mich jedes Mal aufs Neue. Die Fläche von Peru ist ungefähr 3,6-mal so groß wie die der Bundesrepublik Deutschland, das Land hat aber nur ca. 30 Mio. Einwohner. Peru hat ca. 3.000 km Küste, über 6.000 m hohe Berge (der Huascarán ist mit 6.768 m der höchste Berg Perus) und die größte tropische Gebirgskette der Welt. In den peruanischen Anden liegt auch der Ursprung des Amazonas, des zweitlängsten[1] Flusses der Erde. Etwa 60% der Fläche von Peru gehören zum Urwaldgebiet (was manchen überraschen mag). Normalerweise wird das Land vereinfacht in drei Zonen eingeteilt: Küste, Bergland und Urwald. In Wirklichkeit ist es aber viel komplexer: 84 der 117 Öko-Zonen der Erde und 28 der 32 Klimazonen der Erde sind in Peru zu finden. Peru ist ein Land der Superlative – nicht nur in seiner geografischen, sondern auch in seiner ethnischen Vielfalt. Dabei ist es gar nicht so einfach, diese Vielfalt der Volksgruppen genau festzulegen, denn je nach Quelle stößt man dabei auf unterschiedliche Zahlen. Gemäß Ethnologue[2] gab es in (ganz)

---

[1] Inzwischen wird darüber diskutiert, ob der Amazonas nicht doch sogar der längste Fluss der Erde ist. Siehe dazu u.a. den Artikel „Amazonas will längster Fluss der Erde werden" auf der Internetseite von Welt.de: http://www.welt.de/wissenschaft/article958349/Amazonas-will-laengster-Fluss-der-Erde-werden.html
[2] http://www.ethnologue.com/country/PE (Zugriff am 27.06.2013)

Peru einmal 105 Sprachen, von denen 94 angeblich noch gesprochen werden. Nach anderen Quellen gibt es im Urwaldgebiet um die 70 Ethnien, die 13 verschiedenen Sprachfamilien angehören. Nach meinen Kenntnissen gibt es in ganz Peru derzeit über 70 Sprachen, die noch gesprochen werden, etwa 50 davon von den Ethnien im Urwald (das Buch „People of Peru"[3] weist darauf hin, dass es u.a. 26 Varianten der Quechua-Sprache im Bergland und im Urwald gibt). Die Gesamtbevölkerung dieser ca. 50 Ethnien im Urwald beträgt schätzungsweise 350.000 – 400.000 Menschen, d.h., sie machen nur etwa 1,2 - 1,4% der Gesamtbevölkerung aus.

Von diesen Menschen, die in Peru größtenteils leider immer noch eine Randgruppe bilden, handelt dieses Buch. Die meisten Erlebnisse, die ich hier beschreibe, fanden in den Jahren 1998 bis 2005 statt. Während dieser Jahre konnte ich schon viele Veränderungen in der Lebensweise dieser Menschen in den Urwalddörfern beobachten. Es war mir klar, dass die Zeit nicht stillstehen würde. – Doch dass es so schnell vor sich gehen würde, hat mich doch sehr überrascht.
Angeregt durch die weiteren Begegnungen und Erlebnisse während meinen Perureisen in den vergangenen Jahren kam mir im Jahr 2013 der Gedanke, eine erweiterte Neuauflage dieses Buches zu wagen. Diese 5. Auflage entspricht im Wesentlichen der Auflage von 2013, enthält aber einzelne Korrekturen.

Mein Anliegen ist es, den Leserinnen und Lesern dieses Buches einen kleinen Einblick in die uns so fremde Welt der Urwaldindianer und ihre Kultur zu geben, sowie auf ihre immer schwieriger werdende Situation hinzuweisen. Und falls sich Ihnen die Gelegenheit bietet, die Indianer im Amazonasgebiet zu unterstützen, dann möchte ich Sie dazu ermutigen, dies einfach zu tun!

Hardt, im Juli 2015   Jürgen H. Schmidt

---

[3] Margarethe Sparing-Chávez (Hg.), *People of Peru*. (Lima: Summer Institute of Linguistics, 1999), S. 15.

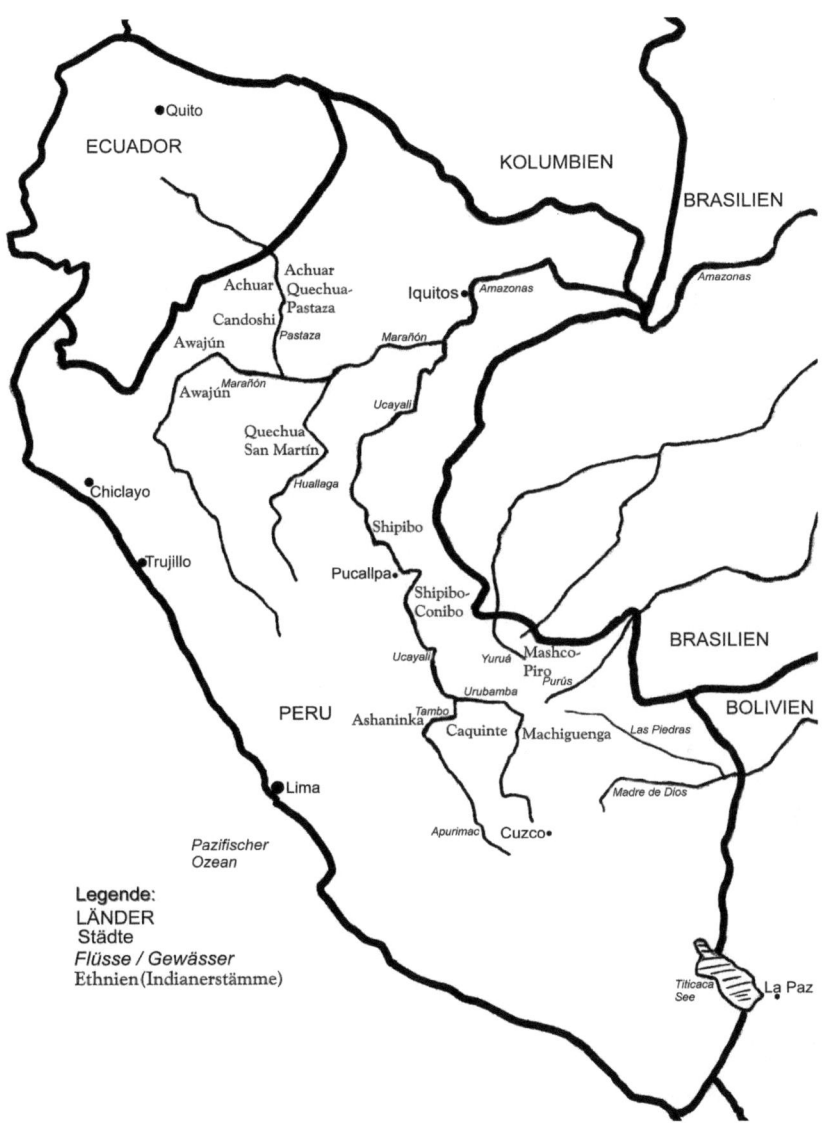

ECUADOR

Quito

KOLUMBIEN

BRASILIEN

Achuar
Achuar Quechua-
Pastaza
Candoshi
Awajún Pastaza

Iquitos

Amazonas

Amazonas

Marañón

Awajún *Marañón*

Quechua
San Martín

Ucayali

Huallaga

Shipibo

Chiclayo

Trujillo

Pucallpa

Shipibo-
Conibo

Ucayali

Yuruá

Mashco-
Piro

Purús

BRASILIEN

Urubamba

PERU

Tambo
Ashaninka

Caquinte

Machiguenga

Las Piedras

BOLIVIEN

Lima

Madre de Dios

*Pazifischer
Ozean*

Apurimac

Cuzco

Legende:
LÄNDER
Städte
Flüsse / Gewässer
Ethnien(Indianerstämme)

*Titicaca
See*

La Paz

1. Wie alles begann...

Beim Christival 1988 – einem Kongress für junge Christen in Nürnberg – fiel mir eine Adressenliste in die Hände, in der mehrere Missionswerke aufgeführt waren. Aus purer Neugier bat ich verschiedene Missionswerke, mir Informationsmaterial zuzusenden. Darunter war auch das Missionswerk *„indicamino"*, das bis zum Jahr 2002 unter dem Namen Schweizer Indianer-Mission bekannt war.

Schon als Kind war ich ein großer Karl May-Fan. Daher haben mich Indianer und der Wilde Westen schon immer begeistert. Als ich dann aber das angeforderte Informationsmaterial in Händen hielt und mir die Kurzbeschreibungen der Indianer-kulturen aus dem südamerikanischen Urwald anschaute, war ich irgendwie enttäuscht. Diese Menschen und ihre Kulturen waren mir so fremd, dass ich absolut nichts damit anfangen konnte. So legte ich die erhaltenen Informationen in einem dicken Ordner ab, bis sie eines Tages bei einer Aufräumaktion im Altpapier verschwanden...

Von 1994 bis 1997 machte ich an der Bibelschule Bergstraße eine theologische Ausbildung. Während dieser Zeit kristalli-sierte sich heraus, dass ich gerne als Bibelschullehrer in der Mission arbeiten würde. „Zufällig" kam ich 1996 wieder in Kontakt mit *indicamino*. Die Mission suchte Bibelschullehrer für ihre Missionsstation im peruanischen Urwald. Und so kam es dazu, dass ich – entgegen allem, was ich mir jemals vorstellen konnte – zu den Tieflandindianern im peruanischen Urwald kam.

Im Jahr 1998 reiste ich, zusammen mit meiner Familie, zu meinem ersten Term nach Peru aus. Zunächst setzten wir in Arequipa, im Bergland, unser bereits in Spanien begonnenes Sprachstudium fort. Vier Monate später kamen wir dann endlich nach Cashibo, der Missionsstation, die für fast sieben Jahre unser Zuhause werden sollte. Cashibo liegt in der Nähe der Stadt Pucallpa, ungefähr im Zentrum des peruanischen Amazonastieflandes. Es ist ein Ausbildungszentrum speziell für Urwald-Indianer. Neben der Ausbildung von Predigern und

Pastoren an der Bibelschule werden dort auch Schreiner, Mechaniker und Kleintierzüchter ausgebildet. Während der letzten 50 Jahre hatte die Mission dort Indianer aus fast 40 verschiedenen Stämmen zu Gast. In Cashibo hatte ich dann auch den ersten Kontakt mit der indianischen Bevölkerung. Zunächst mit den Shipibo-Indianern, denn Pucallpa liegt mitten in ihrem Stammesgebiet. Recht schnell hatte es sich in Santa Teresita, dem benachbarten Shipibo-Dorf herumgesprochen, dass „neue" Missionare angekommen waren. Und schon bald tauchten die ersten Indianer an unserer Haustüre auf, um Halsketten, Armbändchen, bestickte Tischdeckchen und anderes Kunsthandwerk zu verkaufen. Andere boten auch Früchte, Fisch oder Fleisch von irgendwelchen – uns noch unbekannten – Urwaldtieren an. Manche fragten nach Arbeit, und wieder andere fragten, ob sie welche von unseren Mangos, die gerade reif waren, mitnehmen durften – und verkauften diese dann in Pucallpa...

Auch wenn ich vor unserer Ausreise nach Peru schon versucht hatte, so viel wie möglich über die Indianer zu erfahren, mit dem Tag der ersten Begegnung begann nun das Kulturstudium – und zwar richtig, live! Für mich war es ein Eintauchen in eine neue, mir unbekannte Welt. Inzwischen sind mir die Indianer und ihre Kultur vertraut und lieb geworden – auch wenn es noch viele Dinge gibt, die ich immer noch nicht kenne, geschweige denn verstehen kann. Und so wird es wohl auch bleiben. Trotz allem Kulturstudium, trotz vieler Begegnungen und meiner Bereitschaft mich auf die Menschen einzulassen, unsere Welten sind zu verschieden. Und somit ist auch das Ausmaß, in dem man den anderen und seine Welt verstehen kann, begrenzt. So gilt es, den anderen in seinem Anderssein anzunehmen, ihm und seiner Kultur Respekt entgegenzubringen, und ihn auch dann zu lieben, wenn man mit seinem Latein am Ende ist...

Daher ist auch das einmal begonnene Kulturstudium niemals abgeschlossen. Man kommt nie an den Punkt, wo man sagen kann: „Jetzt hab ich's!" In meinem Fall war es so, dass ich als Lehrer an der Bibelschule in jeder Klasse Schüler aus durchschnittlich zehn verschiedenen Stämmen hatte. Jeder

Stamm hat seine eigene Sprache und Kultur. Einige Indianersprachen und Kulturen sind sich sehr ähnlich, doch es gibt auch beträchtliche Unterschiede. Man kann daher nicht sagen, Indianer ist gleich Indianer. Jede Ethnie hat ihre Besonderheiten.

Durch Reisen in Indianerdörfer lernte ich ein paar Stämme näher kennen, insbesondere die Candoshi, die Quechua am Pastazafluss und die Caquinte. Mit Menschen aus anderen Gruppen kam ich hauptsächlich auf der Missionsstation in Kontakt und viele davon waren meine Schüler an der Bibelschule. Mit meinen Schülern kam ich dabei ja nicht nur über theologische Fragen ins Gespräch. Viele Gespräche drehten sich um das Dorf, die Familie und die Kultur – von uns beiden. Die Indianer interessierten sich genauso dafür, wie die Dinge bei mir, bzw. bei uns in Deutschland laufen, so wie ich mich für ihre Lebensweise interessierte. Und sie waren mindestens genau so oft erstaunt über unsere Verrücktheiten, wie ich über die ihrigen...

In diesem Buch soll es um Begegnungen mit den Indianern gehen. Ich schreibe bewusst ganz subjektiv, so, wie *ich* die Dinge erlebt habe. Aus unzähligen Begegnungen habe ich ein paar ausgewählt, um dem Leser Einblicke in die Welt der Indianer zu geben. Dabei handelt es sich natürlich immer um Momentaufnahmen. Denn die Welt der Indianer ist einem rasanten Wechsel unterzogen. Während die Generation der Großeltern noch in der Steinzeit lebte, benützt heute ein Teil der Enkelgeneration bereits das Handy und surft im Internet! Das hat natürlich gravierende Auswirkungen auf die Kultur und die Lebensweise der Menschen. Ich gehe davon aus, dass die kommenden Jahre noch größere Veränderungen für die indianische Bevölkerung bringen werden, als wir uns das derzeit vorstellen können. Auch wenn manche Anthropologen, Missionare und Freunde von Naturvölkern alledem mit Wehmut, Besorgnis oder Widerstreben entgegensehen, es wird wohl kaum möglich sein, die Indianer vor Veränderungen zu „schützen" oder zu „bewahren". Die Wünsche nach den Konsumgütern der „modernen Welt", die per Satelliten-fernsehen auch in entlegenen Indianerdörfern geweckt werden,

werden ihre große Anziehungskraft entfalten. Die Indianer werden letztlich selbst bestimmen, wie sie leben wollen, auch wenn offensichtlich nicht alles „gut" für sie ist (genau so wenig wie für uns alles „gut" ist). Und seien wir mal ehrlich: Wer von uns möchte noch so leben und wohnen wie unsere Vorfahren vor 100 Jahren?

Vor allem in den letzten beiden Kapiteln dieses Buches werde ich noch etwas zum Thema Veränderungen schreiben. Doch zunächst einmal soll es um Begegnungen und Erfahrungen mit den Indianern gehen.

Das Shipibo-Dorf „Santa Teresita"

2. Erste Begegnungen

Wie schon erwähnt, hatten wir schon bald unsere ersten Begegnungen mit Shipibo-Indianern, die als Verkäufer an unsere Haustür klopften. Während eines Besuches der Bibelschule der Shipibo-Indianer in Pucallpa lernte ich weitere Shipibos kennen. In dieser Zeit nahm ich an den Unterrichtsstunden einfach als Beobachter teil. So bekam ich einerseits einen ersten Einblick in die Ausbildung von Indianerpastoren, andererseits aber auch in das Verhalten der Indianer als Schüler. Auffallend waren vor allem ihre Schüchternheit und die Schwierigkeiten, die sie mit der spanischen Sprache hatten. Auch später, als ich dann selbst unterrichtete, erlebte ich es immer wieder, dass Schüler sehr schüchtern waren. Doch oft lag das nur am Umfeld und an der fremden Sprache. Wenn man sie dann in ihrem Dorf besuchte, d.h. in ihrem eigenen Umfeld, wo sie sich in ihrer eigenen Sprache verständigen konnten, dann traute man oft seinen eigenen Augen nicht. – War das wirklich dieselbe Person? Nun, zu Hause fühlten sie sich „wie der Fisch im Wasser", wie man in Peru zu sagen pflegt.

Bei meinen Besuchen in der Shipibo-Bibelschule in Pucallpa lernte ich auch einen jungen Shipibo-Indianer kennen, der weit weniger schüchtern war: Jeiser. Vermutlich lag das mit daran, dass er in Yarina (bei Pucallpa) aufwuchs und eine Schule in der Stadt besuchte. Aber er ist generell auch jemand, der sehr leicht Freundschaften schließt und alle Welt kennt. Schon bald entstand eine Freundschaft und Jeiser besuchte uns immer wieder in Cashibo. Als ich ihn kennen lernte, besuchte er noch die Sekundarschule und befand sich zeitweise in einer ziemlichen Identitätskrise. Dies hing sehr stark damit zusammen, dass sein Vater seine Mutter verlassen hatte und sie mit den Kindern alleine blieb. Das Schwierigste aber war, dass sein Vater Jeiser immer als Sohn ablehnte und behauptete, er wäre von einem anderen Mann. Als sein Vater dann später schwer krank im Hospital lag, besuchte ihn Jeiser regelmäßig und bat mich, seinen Vater ebenfalls zu besuchen.

Ich erfüllte Jeisers Bitte und hatte ein sehr gutes Gespräch mit ihm. Später hat sich dann die Beziehung zwischen Jeiser und seinem Vater verbessert, auch wenn es gelegentliche Rückschläge gab. Ein Spannungsfeld war für Jeiser immer wieder seine Identität als Shipibo-Indianer, der nicht traditionell im Indianerdorf, sondern in der Stadt aufgewachsen ist. Das brachte ihm einerseits große Vorteile wie eine gute Schulbildung und ein gutes Spanisch. Aber ihm fehlen viele Kenntnisse, die ein im Dorf aufgewachsener Indianer sonst eben hat. Trotz des niedrigen Stellenwerts, den Indianer normalerweise in der peruanischen Gesellschaft haben, ist Jeiser stolz auf seine indianische Herkunft. Und er versteckt diese – im Gegensatz zu anderen seiner Stammesgenossen, die ebenfalls in der Stadt aufwuchsen – nicht. Nach der Sekundarschule machte Jeiser eine Ausbildung zum Krankenpfleger, die er mit Erfolg bestand. Bereits während seiner Schulzeit gewann er immer wieder Wettbewerbe und durfte so als Repräsentant der Jugend viele Reisen durch ganz Peru machen. So lernte er Menschen aus den unter-schiedlichsten Gegenden und Schichten Perus kennen und sein Horizont erweiterte sich erheblich. Neben seinem Einsatz in der Kirche ist er auch politisch sehr interessiert und engagiert, was ihn einmal fast in Probleme gebracht hätte ...

In den letzten Jahren setzte sich Jeiser sehr stark in der AIDS-Prävention ein, denn diese Krankheit ist auch für die Shipibo-Indianer zu einer Bedrohung geworden. Er führte zu dieser Thematik mehrere Studien durch und schrieb dazu auch Informationsmaterial in der Shipibo-Sprache. In eigener Initiative startete er Projekte in Shipibo-Dörfern, um die Bevölkerung – insbesondere die Jugendlichen – über die Krankheit zu informieren. Ich bin gespannt, wie sein Lebensweg weiter gehen wird. Es würde mich nicht wundern, wenn er eines Tages in der Landesregierung von Ucayali, oder sogar im peruanischen Parlament sitzen würde...

Auch in einem Ausbildungskurs für kulturübergreifende Mission, der von FAIENAP[4], dem Dachverband der evan-

---

[4] Fraternidad de Asociaciones de Iglesias Evangélicas Nativas de la Amazonía Peruana

gelischen Indianerkirchen des peruanischen Amazonastieflandes, durchgeführt wurde, boten sich weitere
Möglichkeiten, um mit Indianern in Kontakt zu kommen. Im
November 1998 fand dieser Kurs in Cashibo statt und es waren
v.a. indianische Pastoren, die daran teilnahmen. Manche
dieser Pastoren arbeiteten bereits als Missionare unter
anderen Stammesgruppen. Es war für mich bewegend zu
sehen, welche Mühen sie auf sich nehmen, um anderen das
Evangelium zu bringen. Während des Kurses gab es einen
regen Austausch über Indianerkulturen und es wurde deutlich,
dass es zwar viele Ähnlichkeiten, aber auch beträchtliche
Unterschiede zwischen den verschiedenen Volksgruppen gibt.
Diese Unterschiede betreffen u.a. das Essen. So ist z.B. die
Seekuh eine Spezialität für die Shipibo-Indianer (die infolge-
dessen schon fast alle in ihrem Stammesgebiet aufgegessen
haben ...); für die Candoshi-Indianer ist die Seekuh jedoch ein
Tabu-Tier, dessen Fleisch auf keinen Fall mit einer
schwangeren Frau in Berührung kommen darf. Aber auch
identische Verhaltensweisen in einem bestimmten Fall werden
oft auf unterschiedliche Weise begründet. So kommt es z.B.
immer wieder vor, dass Kinder, die mit einer Missbildung zur
Welt kommen, getötet werden. Bei einer Volksgruppe wird
dieses Verhalten mit der starken Betonung der Selbständigkeit
des Individuums begründet, d.h. ein missgebildeter Mensch
wird als Belastung für die Gesellschaft angesehen. Bei einer
anderen Volksgruppe wird dieses Verhalten damit begründet,
dass es das Kind eines bösen Geistes sei, der nicht geduldet
werden könne.
Während des Kurses ergaben sich immer wieder interessante
Gespräche und Begegnungen mit den indianischen Pastoren.
Als wir an einem der Abende einen Film über das Leben des
China-Missionars Hudson Taylor anschauten, war Tito, einer
der Teilnehmer, sehr berührt und hatte Tränen in den Augen.
Er hatte ebenfalls – so wie Hudson Taylor – seine erste
Ehefrau sehr geliebt und diese schon recht früh verloren. Sein
Schmerz darüber war immer noch groß, und doch hielt ihn das
nicht davon ab, weiter auf Gott zu vertrauen und sein Wort zu
verkündigen.

Mit einem anderen Shipibo-Indianer hatte ich eine Begegnung, die mich etwas irritierte. Er gab mir bei der Begrüßung zwar die Hand, schaute mir aber nicht ins Gesicht, sondern auf die andere Seite. Wie sollte ich das interpretieren? In unserem deutschen Kontext ist das ja nicht besonders höflich. – Aber: durfte ich meinen kulturellen Hintergrund als Maßstab nehmen? Ich fragte Roger, den Leiter des Kurses. Er ist ebenfalls Shipibo-Indianer, aber mit einer Mestizin verheiratet. Er klärte mich auf, dass es in seiner Kultur ein Ausdruck von Höflichkeit ist, dem anderen nicht direkt ins Gesicht, bzw. in die Augen zu schauen. – Ich ahnte, dass noch viele Fettnäpfchen vor mir liegen würden ...

Für den Abschlussabend des Kurses übten wir ein Anspiel ein. Als Weißer musste ich natürlich die Rolle eines verrückten Missionars spielen, der so allerhand Dummheiten macht, und

vor allem überall mit seiner Kamera herum rennt. Wir hatten viel Spaß dabei und natürlich nutzte ich die Gelegenheit, um ein Foto zu machen ...

Während unserer ersten Monate in Cashibo war auch ein Candoshi-Indianer als Lehrling im Kleintierzuchtprogramm auf der Missionsstation. Er hatte einen echten, typischen Candoshi-Namen und hieß Mashingashi. Da geplant war, dass ich bald eine Reise zu seinem Stamm unternehmen würde, kam ich mit ihm ins Gespräch und wollte natürlich Einiges über ihn und seine Kultur wissen. Unter anderem fragte ich ihn, wie sich die Candoshi denn begrüßen. Er erklärte es mir. Ich sagte zu ihm: „Aber ihr gebt euch sicher nicht die Hand dabei?" – Er erwiderte: „Doch, das tun wir, wir sind jetzt zivilisiert!" Als ich zu den Candoshi kam, war natürlich nichts mit Händeschütteln! Es ist einfach nicht Teil ihrer Kultur. Aber solche Antworten mit der Betonung auf „Jetzt sind wir zivilisiert" habe ich danach noch oft erhalten. Es hängt einfach damit zusammen, dass die Indianer in Peru eine Randgruppe bilden und sie – in Unkenntnis ihrer Kultur – oft als primitive Wilde angesehen werden. Entsprechend angeknackst ist auch das Selbstwertgefühl vieler Indianer und sie versuchen sich durch das „Zivilisiertsein" zu nivellieren. Während der Reise zu den Candoshi kam ich sogar in Mashingashis Dorf und sein Vater lud uns zum Essen in sein Haus ein. Da erlebte ich noch so eine zivilisatorische Überraschung: Hingen da doch auf einer Leine im Haus – feinsäuberlich aufgereiht – mehrere Hemden und Krawatten. Ich fühlte mich wie Julius Cäsar in dem Film „Asterix bei den Briten": Ich kam, sah und traute meinen Augen nicht...!

Ein paar Jahre später gab es eine Situation in Mashingashis Leben, in der er eher traditionell, anstatt „zivilisiert" reagierte. Er hatte einen Traum, in dem eine Stimme zu ihm sagte, er solle sich eine zweite Ehefrau nehmen. Für die meisten Indianer – auch für die Candoshi – haben Träume eine wichtige Bedeutung. Manchmal kommt es vor, dass sie tagelang zu Hause sitzen und über die Bedeutung eines bestimmten Traumes nachgrübeln. Nun, Mashingashi nahm den Befehl in seinem Traum sehr ernst. Er versuchte, sich eine zweite Frau zu nehmen, und brachte sich dadurch in ziemliche Schwierigkeiten. Seine (erste) Frau war davon natürlich alles andere als begeistert, auch, wenn es immer noch vorkommt, dass ein Candoshi zwei oder noch mehr Ehefrauen hat ...

3. Bei den Candoshi

Ende Januar 1999 hatte ich die erste Gelegenheit, an einer Reise in die Indianerdörfer teilzunehmen. Ich begleitete meinen Kollegen Friedrich zu den Candoshi, die im Norden Perus, westlich des Pastaza-Flusses, wohnen. Für mich als „Greenhorn" war diese Zeit sehr prägend, da ich das erste Mal Indianer in ihrem eigenen Umfeld erlebte. Daher will ich hier etwas ausführlicher über meine Erlebnisse während dieser Reise berichten.

Die Candoshi sind eine recht kleine, aber nicht die kleinste ethnische Gruppe im peruanischen Urwald. Sie zählt etwa dreitausend Personen.

Mit dem Wasserflugzeug der befreundeten South America Mission (SAM) wurden wir nach Huambra Cocha gebracht, dem Ausgangs- und Endpunkt unserer vierwöchigen Reise, während der wir elf verschiedene Candoshi-Dörfer besuchen sollten. Das Wort „Cocha" stammt aus der Quechua-Sprache und bedeutet See. Das Dorf Huambra Cocha ist nach dem gleichnamigen Huambra-See (Cocha) benannt.

Auf dem Flug erhielt ich einen ersten Eindruck von der fast endlosen Weite des Amazonas-Tieflandes. – Meine Frau Martha würde dazu sagen, der Urwald sieht aus wie ein riesiger Broccoli. Man sah immer wieder Dörfer, die durch den in der Regenzeit gestiegenen Wasserstand, schon teilweise unter Wasser standen. Größere und kleinere Flüsse schlängeln sich in scheinbar unzähligen Kurven und Schleifen durch den Urwald. – Und vor allem sieht man Wald ...

Nach der Landung in Huambra Cocha wurden wir sogleich von den Bewohnern des Dorfes empfangen. Als ich die ersten Candoshi am Ufer stehen sah, unter ihnen zwei Männer mit bemaltem Gesicht, realisierte ich, dass ich dabei war, in eine neue, mir völlig fremde Welt einzutauchen. Nach dem Ausladen unseres Gepäcks verabschiedete sich Jonathan, der Pilot, von uns und setzte seinen Flug fort. Dabei drehte er noch eine Runde über das benachbarte Dorf, Domingo Cocha, um den Bewohnern so unsere Ankunft mitzuteilen. Denn sie sollten uns mit einem Boot abholen. In vier Wochen würde uns das

Flugzeug wieder abholen. Was würde sich bis dann alles ereignen?

Nachdem die Cessna in der Ferne verschwunden war, statteten wir dem Dorfchef von Huambra Cocha einen Besuch ab. Da Friedrich die Candoshi-Sprache beherrscht, spielten sich die Gespräche – nicht nur bei diesem Besuch, sondern auch während der kommenden vier Wochen – in Candoshi ab. Dadurch bekam ich oft nicht so viel vom Inhalt der laufenden Gespräche mit, merkte aber doch sehr schnell, wenn sie auf mich zu sprechen kamen. Einmal wurde nach meiner Familie gefragt. Die Candoshi wollten wissen, ob meine Eltern noch leben. Ich sagte: „Sie leben noch – und sogar noch ein Teil meiner Großeltern." Als ich erzählte, dass mein Großvater schon über achtzig Jahre alt war, machten sie große Augen. Die durchschnittliche Lebenserwartung der Indianer ist nicht besonders hoch. Viele sind mit Mitte dreißig schon Großeltern und ein 60-jähriger ist schon uralt.

Im Haus des Dorfchefs bekam Friedrich schon bald den ersten Masato angeboten. Masato ist ein Getränk, das aus Yuca (Maniok) hergestellt wird und je nach Alter m.o.w. Alkohol enthält. Masato ist *das* Getränk der Candoshi und nimmt eine sehr zentrale Stellung in ihrer Kultur ein. Es wird von den Frauen hergestellt und verteilt. Bei der Herstellung wird zuerst die Yuca (Maniokwurzel) geschält und in Wasser gekocht. Danach wird die Yuca mit einem großen Kochlöffel, der fast wie ein Paddel aussieht, zu einer Masse ähnlich wie Kartoffelbrei verstampft.

Candoshi-Frauen bei der Herstellung von Masato

Ein Teil des Breis wird gründlich gekaut und nachher wieder der Masse zugegeben. Dadurch wird erreicht, dass die Yuca-Masse fermentiert und Alkohol bildet. Je nach Bedarf wird die Yuca-Masse mit Wasser vermischt und als Masato serviert.

Es dauerte nicht lange, da bekam auch ich meinen ersten Masato angeboten. Die Frau des Dorfchefs fischte noch eine letzte Mücke raus und überreichte mir dann die volle, selbst getöpferte Trinkschale. Dabei trat ich unbewusst in das erste Fettnäpfchen. – Weil die Trinkschale so voll war, fasste ich sie von unten an und berührte zufällig die Frau. Unter dem Grinsen der dabeisitzenden Jungs erklärte mir Friedrich, dass dies normalerweise ein Zeichen sei, dass man ein Interesse an einer Beziehung zu dieser Frau hat! Gott sei Dank hatte ich als Fremder eine gewisse Narrenfreiheit und man verzieh mir meine Unwissenheit. Nach Friedrichs Erklärung war ich nun dran, meinen Masato zu trinken. Dabei erinnerte ich mich an den Rat von Reinhard, dem damaligen Kandidatensekretär der Mission, für solche Situationen: lächeln, preisen, schlucken! – Es funktionierte, und nachdem der Masato gar nicht so schlecht schmeckte, war der Gedanke nicht mehr ganz so schlimm, dass ein Teil des Getränkes schon einmal im Mund einer anderen Person war...

Etwas später besuchten wir den Schwiegervater des Dorfchefs; einen „typischen" Candoshi, der neben der Gesichtsbemalung auch schulterlanges Haar trug, so wie es früher traditionell üblich war. Heute tragen die meisten Candoshi kurze Haare. Sehr schnell kam er auf Probleme im Dorf zu sprechen und davon, dass einige ihn nicht mögen würden. Ein paar Familien waren schon aus dem Dorf weg gezogen; u.a. weil dort zu viele Kinder gestorben sind. Einige warfen ihm vor, Schadenszauber zu betreiben. Dies war eine Anschuldigung, die ihn sichtlich beunruhigte, vor allem, weil früher aufgrund der Blutrache viele Zauberer getötet wurden. Friedrich erzählte mir später, wie er bei seinem ersten Besuch bei den Candoshi, in eine Situation hinein kam, in der gerade die Blutrache vollzogen worden war. Nun, die Besorgnis unseres Gesprächspartners war nicht unberechtigt, denn einige Jahre später wurde er bei einer Racheaktion angeschossen.

Etwas später wurden wir zum Essen eingeladen. Wir erhielten Fisch mit Kochbananen und Palmherzsuppe. Da die Candoshi meist kein Besteck verwenden und normalerweise mit den Händen essen, wird vor dem Essen ein Topf mit Wasser bereit gestellt, um sich die Hände zu waschen. Ebenso nach dem Essen, die Candoshi spülen sich dabei auch den Mund aus. Öfters erhielten wir die Mahlzeiten auf Tellern serviert, aber normalerweise wird das Essen auf frisch abgeschnittenen Bananenblättern angerichtet und nur die Suppe oder Fleischbrühe wird auf einem Teller serviert. Gewöhnlich wird auch in getrennten Gruppen gegessen, die Männer für sich, und die Frauen mit den kleineren Kindern. Während des Essens lauern meistens auch einige Hunde und Hühner in der Nähe, um ebenfalls einen Brocken abzukriegen. Bei den Candoshi ist es Brauch, nach dem Essen zu trinken, natürlich Masato.

Da wir an diesem Tag nicht mehr von den Leuten aus Domingo Cocha abgeholt wurden, verbrachten wir die Nacht in Huambra Cocha. In der Schule bauten wir unsere Moskitonetze auf und verbrachten trotz des harten Betonbodens eine recht gute Nacht.

Als wir am nächsten Morgen an die Cocha (See) kamen, waren ein paar Männer gerade dabei, die Fische auszunehmen, welche sie während der Nacht mit einem Netz gefangen hatten. Das Gebiet, in dem die Candoshi leben, zeichnet sich durch einen großen Fischreichtum aus. Fisch ist, neben Yuca und Kochbananen, ihr Hauptnahrungsmittel. Uns wurde angeboten, das Boot des Dorfes auszuleihen, was wir natürlich dankbar annahmen. So montierten wir den mitgebrachten Außenbordmotor an das Boot und machten uns auf den Weg nach Ullpayacu, einem Mestizendorf, das etwa eineinhalb Stunden entfernt liegt, um den begrenzten Treibstoffvorrat, den wir im dem Flugzeug mitnehmen konnten, aufzustocken. Ullpayacu war der einzige Ort in der Nähe, wo man Treibstoff kaufen konnte. Außerdem gab es dort auch einen Gesundheitsposten, der mit dem einzigen Arzt weit und breit besetzt war. Auf der Fahrt begleitete uns Akumpari, zusammen mit seiner Frau Maria und seinen Kindern. Von der Huambra Cocha (dem See) aus führt ein sich immer wieder mit Wasserpflanzen schließender Durchgang zum Chapuri-Fluss. Wir folgten dem Flusslauf des Chapuri, bis wir zum Rimachi-See gelangten. Nach der ca. viertelstündigen Durchquerung des Sees erreichten wir einen Seitenarm des Pastaza-Flusses, an dem auch das Dorf Musa-Karusha liegt. Dort legten wir einen Zwischenstopp ein. Jemand teilte uns mit, dass Konambi, der damalige Präsident der Candoshi-Kirchen, mit Friedrichs Boot zu einem Kurs für Gesundheitshelfer nach San Lorenzo, einer Stadt am Marañon-Fluss, gefahren war. Er würde erst in ein paar Tagen wieder zurückkehren. Mit einem weiteren Begleiter aus Musa-Karusha fuhren wir dann nach Ullpayacu, wo wir zunächst Treibstoff kauften und anschließend mit Akumpari zum Gesundheitsposten gingen. Er hatte ein geschwürartiges Gewächs am Kopf, das der Arzt dann entfernte.

Kurz vor Sonnenuntergang kamen wir wieder in Musa-Karusha an, wo uns eine Giftschlange begrüßte, die sich von der Böschung ins Wasser fallen ließ und dann an der Außenseite unseres Bootes entlang schwamm. Dies brachte die Candoshi, die sonst recht entspannt sind, ziemlich in Aufregung und Bewegung. Denn gleich daneben war die Stelle, wo sie sonst badeten und die Wäsche wuschen. Schon bald hatten sie die Schlange mit einem Fischspeer aufgespießt und ihr mit einem Knüppel den Kopf eingeschlagen.

Abgesehen von einem Abstecher in ein anderes Dorf verbrachten wir die nächsten Tage in Musa-Karusha. In dieser Zeit konnte ich so manche weitere interessante Beobachtung machen. So hatten z.B. unsere Gastgeber eine ganze Reihe verschiedener Fischspeere und Harpunen. Diese werden v.a. bei niedrigem Wasserstand zum Fischen einge-setzt, wenn die Fische durch die kräftige Sonneneinstrahlung und den Sauerstoffmangel schon halb betäubt sind und so eine leichte Beute abgeben.

Auch in Musa-Karusha waren die Gerüchte vom Schadens-zauber in Huambra Cocha bekannt. Unser Gastgeber sprach mit Friedrich über eine Frau aus Huambra Cocha, die einen Abszess am Fuß hatte. Er sagte, dass dieser Abszess auch durch eine Behandlung mit Antibiotika nicht geheilt werden könne, sondern nur durch Heilungszauber. Die Candoshi unterscheiden – vereinfacht ausgedrückt – zwischen den Krankheiten der Weißen, die mit Medizin behandelt werden können, und Krankheiten, die durch Zauberei oder das Brechen von Tabus verursacht werden. Diese Krankheiten können nach Ansicht der Candoshi nur durch einen Zauberer geheilt werden. Auch im Blick auf die Wirksamkeit von Medikamenten hörte ich eine interessante Aussage von einem tuberkulosekranken Mann. Dieser war zur Behandlung nach Musa-Karusha gekommen und ärgerte sich darüber, dass es nur Tabletten und keine Spritzen gegen Tuberkulose gab. – Seiner Meinung nach würden Spritzen besser helfen.

An einem der Tage in Musa-Karusha fuhren wir mit Tsanchi, dem Sanitäter, Joel, dem Schwiegersohn unseres Gastgebers, und Joels Schwager etwas flussaufwärts. Tsanchi suchte nach seinem Hund, mit dem er vor einigen Tagen zur Jagd unterwegs gewesen war und den er im Wald vergessen (!) hatte. Natürlich war von dem Hund weit und breit nichts zu sehen oder zu hören.

Joel und sein Schwager nutzten die Gelegenheit, um Palmherz (chonta) zu ernten. An einer geeigneten Stelle gingen wir in den Urwald hinein. Als sie einige geeignete Palmen gefunden hatten, begannen sie diese mit der Axt zu fällen. Ich staunte, wie sie mit großer Präzision einen Schlag neben dem anderen platzierten und innerhalb von wenigen Minuten drei Palmen gefällt hatten. Dann gingen sie daran, mit Axt und Machete, das Innere (das „Herz") im oberen Teil der Palme freizulegen. Der essbare Teil des Palmherzens ist etwa ein Meter lang und hat meist einen Durchmesser von drei bis sieben Zentimeter. Es schmeckt sehr lecker und kann sowohl roh, bzw. als Salat, als auch gekocht gegessen werden.

Später fuhren wir nochmals nach Ullpayacu. Dabei begleitete uns auch unser Gastgeber, der die Gelegenheit nutzte, auf die

Jagd zu gehen. Wir legten mit dem Boot irgendwo am Flussufer an und er verschwand zusammen mit seinem Schwiegersohn im Wald. Wenige Minuten später hörte ich den ersten Schuss. Kurz darauf brachte sein Schwiegersohn eine Art Eichhörnchen (etwas größer als unsere in Deutschland). Einige Minuten später war nochmals ein Schuss zu hören; diesmal war die Jagdbeute ein Rebhuhn. Wir setzten die Fahrt fort und ließen den Jäger dann an einer anderen Stelle aussteigen. Auf dem Rückweg nahmen wir ihn wieder mit. In der Zwischenzeit hatte er als weitere Jagdbeute noch einen Papagei und einen Affen erlegt. Unter uns Missionaren gab es zum Thema Papagei übrigens folgende Kochanleitung: Man lege zusammen mit dem Papagei einen Stein in den Kochtopf. Sobald der Stein weich gekocht ist, ist auch das Fleisch des Papageis weich! – Alles klar, oder?! Am Abend bekamen wir dann gegrillten Papagei mit Kochbananen zu essen. Obwohl das Fleisch nicht das Zarteste war, schmeckte es sehr lecker.

Nach einer knappen Woche kam dann endlich Konambi, zusammen mit Mashingashi (nicht dem Mashingashi, der zu jener Zeit gerade auf der Missionsstation war, sondern dem damaligen Vizepräsidenten der Candoshi-Kirchen) und einigen Familien vom Capuri-Fluss nach Musa-Karusha. Er brachte auch Friedrichs Boot mit. Sie planten, nach Hortensia Cocha am Huitoyacu-Fluss zu fahren, um dort zusammen mit Gläubigen vom Huitoyacu- und vom Chuinta-Fluss eine Bibelwoche durchzuführen. Am nächsten Tag brachen wir auf. Bis wir allerdings abfahren konnten, gab es noch ein ziemliches Hin und Her, da die Transportmöglichkeiten sehr begrenzt waren und viele Familien mitfahren wollten. So „liehen" sie sich kurzerhand das Boot eines Händlers aus, der gerade nicht im Dorf war. Ich staunte, wie voll sie dieses luden und mit wie viel Gepäck sie auf die Reise gingen. Außer den Körben, in denen sie ihre Kleidung transportierten, wurden mehrere große und schwere Töpfe mit Masato-Masse eingeladen, unzählige Bananen, gesalzener Fisch, Gewehre und Macheten. Eine ältere Frau hatte sogar ein Körbchen mit Hühnerküken dabei. Als schließlich noch die Passagiere eingestiegen waren lag das Boot ganz gut und stabil im Wasser. Friedrichs Boot wurde in

Schlepptau genommen, da sie seinen Motor an das viel größere Boot des Händlers montiert hatten. Zunächst fuhren wir etwa eine Stunde zum Haus von Joels Onkel und ließen das „ausgeliehene" Boot mit Joel und zwei Familien zurück. Sie warteten dort auf die Rückkehr von Joels Onkel, von dem sie einen Motor leihen wollten, um die Reise mit diesem fortsetzen zu können. Nach dem Ummontieren des Motors fuhren wir dann mit Friedrichs Boot weiter. Es ging durch ein fast endloses Labyrinth von Seen und Flussabschnitten zum Pastaza-Fluss. Unterwegs holten wir das Boot mit den Familien vom Chapuri-Fluss ein, das bereits einige Zeit vor uns abgefahren war. Da dieses jedoch nur mit einem so genannten „Peque-Peque" Motor ausgestattet war, kam es viel langsamer voran. Wir überholten es und fuhren voraus zum Pastaza-Fluss. Auf dem letzten Abschnitt, vor dem Erreichen des Pastaza, wurde die Strömung dann dermaßen stark, dass wir mit dem übervoll beladenen Boot gerade noch vorwärts kamen. An der Einfahrt in den Pastaza befand sich eine Art „Rastplatz" mit kleinen Schutzhütten. Dort hielten wir an und luden das Gepäck aus. Konambi und Mashingashi fuhren mit dem leeren Boot zurück um der Besatzung des anderen Bootes zu helfen. Denn mit ihrem voll beladenen Boot und dem viel schwächeren Motor hatten sie keine Chance das letzte Stück gegen die starke Strömung zu schaffen.

Als Konambi und Mashingashi das erste Mal zurück kamen, brachten sie die Frauen und Kinder aus dem anderen Boot mit. Sie fuhren zurück, und als sie das zweite Mal ankamen, war der Peque-Peque Motor ihre Ladung. Der Maschinist hatte vergessen, Öl nachzufüllen und so hatte sich der Motor fest gefahren. Sie mussten dann noch ein drittes Mal flussabwärts fahren, um das Boot zu holen.

Da es durch den defekten Motor unmöglich war, die Reise gemeinsam fortzusetzen, wurde beschlossen, zusammen auf dem Rastplatz zu übernachten. Also ließen sich die Candoshi dort häuslich nieder und entzündeten einige Feuer. Ein paar Männer angelten und zogen relativ bald die ersten Fische aus dem Fluss. Und es dauerte nicht lange, bis es etwas zu essen gab.

Zum Glück hatte Konambi während seiner Bibelschulausbildung auf der Missionsstation den Mechanikerkurs belegt.
So machte er sich daran, den defekten Motor zu zerlegen. Da
es bereits spät war und dunkel wurde, wurde diese Aktion
vertagt. Am nächsten Morgen arbeitete er weiter. Allerdings
fehlte ihm ein passender Schraubenschlüssel für eine
bestimmte Schraube, so dass er die Arbeit abbrechen musste.
Nicht weit entfernt vom Rastplatz befand sich San Fernando,
ein kleineres Mestizendorf. Konambi versuchte dort, den
fehlenden Schraubenschlüssel auszuleihen, hatte aber keinen
Erfolg. So beschlossen wir, mit Konambi und Mashingashi
nach Ullpayacu zu fahren, um den Motor dort bei einem
Mechaniker reparieren zu lassen. Außerdem mussten wir
nochmals Treibstoff kaufen, der durch die Bergungsaktion
knapp geworden war. Als wir in Ullpayacu ankamen mussten
wir leider feststellen, dass der Mechaniker übers Wochenende
verreist war. So blieb uns nur noch die Möglichkeit, zu Joels
Onkel Urushba zu fahren, der über entsprechendes Werkzeug
verfügte. Der einzige Haken daran war, dass Streitigkeiten
zwischen Konambis und Urushbas Familie bestanden.
Urushbas Bruder hatte, in betrunkenem Zustand, Konambis
Schwiegermutter erschlagen. Diese wollte nämlich ihren Sohn
schützen, der mit einer der vier Ehefrauen von Urushbas
Bruder ins Bett gegangen war. – Früher war es bei den
Candoshi in so einem Fall üblich, beide Ehebrecher zu töten ...
Wegen diesen Streitigkeiten hatte Urushba sein Dorf Puerto
Chingana verlassen und flussabwärts begonnen, eine neue
Siedlung anzulegen. Zusammen mit seinen Schwiegersöhnen
hatte er bereits ein Stück Wald gerodet und war gerade dabei,
Häuser zu bauen. Kurz vor Sonnenuntergang kamen wir bei
ihm an. Friedrich übernahm die Initiative und fragte ihn nach
Werkzeug, das dieser mit Freude zur Verfügung stellte.
Da es inzwischen Nacht wurde, machten sich Konambi und
Mashingashi mit Taschenlampe und Urushbas Werkzeug an
die Arbeit. Urushba, der ebenfalls Kenntnisse in der Reparatur
von Motoren hatte, gab ihm entsprechende Ratschläge.
Schlussendlich erreichten sie es, die Kolben zu lösen und das
Innere des Motors wurde wieder beweglich.

Urushba bot uns an, bei ihm zu übernachten. Da allerdings noch kein Haus fertig gestellt war, gab es nur Schutzhütten für ihn und seine Familie. Bei sternklarer Nacht bauten wir unsere Moskitonetze im Freien auf. Konambi, dem es unangenehm war, bei Urushba zu sein, setzte sich in das Boot, um dort die Nacht zu verbringen. Gegen 23.00 Uhr begann es dann zu regnen, und so schliefen wir mit einer Plastikplane auf dem Moskitonetz noch ein bisschen weiter, so gut man eben schlafen konnte. Als dann, so gegen 1.30 Uhr, ein Gewitter nahte, brachen wir auf und fuhren ein Stück flussabwärts.

Im Candoshi-Gebiet sind an den Flüssen immer wieder Schutzhütten zu finden, die die Candoshi während ihrer Reisen mit dem Kanu benützen. So fanden wir dann auch eine dieser Schutzhütten, die durch das Hochwasser der Regenzeit etwa einen halben Meter unter Wasser stand. Einer der Eckpfosten der Hütte wurde schnell noch etwas verschoben und so konnten wir mit dem Boot hinein fahren und waren vor dem Regen geschützt. Begleitet vom Quaken der Frösche und anderen Urwaldgeräuschen versuchten wir dann im Boot noch ein paar Stunden zu schlafen, zumindest so lange, bis es hell wurde.

Wir begannen den neuen Tag mit einer Gebetsgemeinschaft und machten uns dann wieder auf den Weg durch das Labyrinth von Seen und Flussabschnitten zum Rastplatz am Pastaza. Kurz vor dem Rastplatz trafen wir auf die Männer, die mit dem Boot flussabwärts gepaddelt waren, um fischen zu gehen. Am Rastplatz angekommen machten sich Konambi und Mashingashi daran, den Motor zusammenzubauen, denn es musste u.a. noch ein langes Rohr mit einer Antriebswelle und Schiffsschraube daran montiert werden. Friedrich und ich erhielten in der Zwischenzeit unser Frühstück: eine gebackene Banane und einen Spieß mit gegrillten Suri. Suri sind die Larven des Rüsselkäfers. Sie sind eine absolute Spezialität für die Indianer. Sie essen sie sowohl gegrillt als auch roh (d.h. noch halb lebendig ...). Des Öfteren beobachtete ich Babys (ab ungefähr einem drei viertel Jahr), die genüsslich an einem – rohen – Suri herumlutschten. Suri erfüllen unter den Indianern eine ähnliche Funktion, wie bei uns ein Blumenstrauß. Wenn ein Indianer seiner Frau zeigen will, dass er sie liebt, dann bringt er ihr Suri.

Die Suri auf dem Spießchen teilten wir gerecht auf: ich überließ Friedrich drei Stück und versuchte mich an zweien... Eigentlich war der Geschmack nicht so schlecht, etwa so wie sehr fettiger, gegrillter Bauchspeck. – Nur vom psychologischen Standpunkt aus kostete es ziemlich Überwindung, sie zu essen.

Als der Motor zwei Tage zuvor kaputt gegangen war, sagte Friedrich, dass es ein Wunder wäre, wenn sie ihn wieder reparieren könnten. Nun erlebten wir das Wunder: nach dem Zusammenschrauben sprang er tatsächlich wieder an!

So packten wir den Motor ins Boot und fuhren flussabwärts zu den Männern, die fischen gegangen waren. Bei ihnen angekommen wurde der Motor ans Boot montiert und los ging es. Nach einem ruhigen Stück ohne Strömung kamen wir zum Flussabschnitt mit der kräftigen Strömung. Angetrieben durch den Motor und kräftige Paddelschläge kämpften sie mit viel Eifer und lautem Geschrei gegen die Strömung an. – Es hätte sich gelohnt, diese Szene zu filmen! Schlussendlich erreichten sie triumphierend den Rastplatz. Dort wurden die beiden Boote wieder beladen – und gemeinsam ging die Reise weiter. Relativ bald erreichten wir die Einmündung in den Huitoyacu-Fluss. Nach weiteren zwei Stunden, dem Huitoyacu durch viele Kurven flussaufwärts folgend, erreichten wir Hortensia Cocha. Dort wurden wir zunächst von Okama begrüßt und zum Masato eingeladen. Er hatte die Bibelwoche in seinem Dorf organisiert.

Wir wurden in einem der wenigen Häuser mit Wänden untergebracht. Normalerweise haben die Candoshi-Häuser keine Wände. Die „Innenausstattung" variiert etwas, je nach Hausherr. Manche Häuser haben in etwa eineinhalb Metern Höhe ganz, oder auch nur zu einem Drittel, einen Holzboden eingebaut. Andere Häuser haben keinen solchen Boden, sondern nur Bänke und Schlafplattformen. Die „Küche" (d.h. das Feuer) befindet sich meist an einer Seite des Hauses, je nach Wetter noch unter dem Palmblätterdach, oder auch im Freien. Jede Frau, die im Haus wohnt (sei es, weil ein Mann mehrere Frauen hat, oder weil die verheiratete Tochter mit dem

Schwiegersohn noch im Haus wohnt) hat in der Regel ihre eigene „Küche".

Am folgenden Tag begann dann die Bibelwoche. Da zu dieser Zeit noch Schulferien waren, wurde die Dorfschule als Versammlungsraum genutzt. Das Schulgebäude war das einzige aus Ziegelsteinen gebaute Haus im Dorf. Ähnliche, vom peruanischen Staat erbaute Schulgebäude, sind bereits in vielen Indianerdörfern zu finden.

Zum Bibelunterricht fanden sich täglich um die dreißig Männer ein, welche die Stühle besetzten. Die Frauen, die mehr oder weniger regelmäßig am Bibelunterricht teilnahmen, setzten sich auf den Boden. Die meisten von ihnen hatten kleine Kinder dabei, die sie stillten, oder sonstwie versuchten ruhig zu halten, sofern sie nicht gerade schliefen.

Während der Bibelwoche wurde die Apostelgeschichte studiert. Morgens gab es zwei Lehreinheiten und nachmittags noch eine. Natürlich wurde auch viel aus dem Candoshi-Liederbuch gesungen. In dem gemauerten Schulgebäude hatte der Gesang einen ganz speziellen Klang. Beim Singen war es üblich, dass einige schneller und andere langsamer waren. Das Ergebnis war eine Art Echo, was durch die Akustik der Schule verstärkt wurde.

Der Unterricht wurde hauptsächlich von den Candoshi-Predigern gehalten. Immer wieder wurde dabei deutlich, wie das Wort Gottes sie persönlich ansprach und Bewegung in ihr Leben brachte. Im Lauf der Woche hatte ich dann auch die Gelegenheit, meine ersten Unterricht mit Indianern zu halten. Bei meinem Thema ging es um „das Verharren in der Apostel-Lehre", gemäß Apostelgeschichte 2,42. Da dieser Begriff natürlich sehr abstrakt ist, habe ich das Thema an Hand der Ernährung behandelt. Allen war klar, dass wir gerne regelmäßig, d.h. täglich, und wenn möglich auch mehrmals täglich essen wollen. Ebenso war auch klar, dass wir gerne ausgewogen essen wollen, nicht nur ein bisschen Banane, sondern auch Fisch, Fleisch und Yuca. Diese Beispiele konnten dann gut auf die geistliche Ernährung übertragen werden, und es wurde deutlich, dass wir uns als Christen regelmäßig und auch reichlich mit Gottes Wort ernähren müssen, um im Glauben stark zu werden und wachsen zu können.

Bei der Vorbereitung des Themas war mir deutlich geworden, wie selbstverständlich wir als Deutsche lesen und schreiben können. Ebenso selbstverständlich ist es für uns, dass wir über die ganze Bibel, in mehreren Übersetzungen, verfügen. In Candoshi gibt es nur eine einzige Bibelübersetzung – und davon nur das Neue Testament. Außerdem können nicht alle Candoshi lesen oder schreiben. Die Mehrheit der Männer schon, die Mehrheit der Frauen aber nicht. So bat ich im Unterricht dann auch die Männer, ihren Frauen täglich aus der Bibel vorzulesen, um auch deren geistliche Ernährung sicher zu stellen.

Da die Mehrheit der Candoshi kein oder nur wenig Spanisch versteht, wurde mein Unterricht von Mashingashi übersetzt. Das war keine leichte Aufgabe für ihn, da es für manche spanische Begriffe keine Worte in Candoshi gibt, oder manche Dinge in einem extra Satz beschrieben werden müssen. Ich selbst hatte natürlich noch keine Ahnung davon, welch große Unterschiede zwischen Spanisch und den Indianersprachen bestehen...

Während der Woche konnte ich wieder manche interessante Beobachtungen und Erfahrungen machen. An einem der Abende, als Mashingashi zum Fischen gehen wollte, fragte ich ihn, ob ich vorher eine kurze Runde mit dem Kanu drehen dürfte. Bereits die Candoshi-Kinder fahren spielend mit dem Kanu umher, und es sieht wirklich sehr leicht aus. Schließlich hatte ich auch Erfahrungen mit dem Kajak-Fahren und es reizte mich, einmal ein echtes Indianer-Kanu zu steuern. Bereits beim Einsteigen und mich auf dem Sitzbrett Niederlassen merkte ich, dass die Sache nicht so leicht war, wie sie aussah. Gleich darauf versenkte ich das Kanu – samt Mashingashi – unter dem Gelächter der Candoshi, die vom Ufer aus zuschauten. Beim zweiten Anlauf setzte ich mich direkt auf den Boden des Kanus. So war es einfacher, das Gleichgewicht zu halten, und ohne ein weiteres Bad zu nehmen drehten wir eine kurze Runde auf dem Fluss.

Öfters hatte ich die Gelegenheit, bei der Essenszubereitung zuzuschauen. Bereits die Kinder wissen, wie man die Jagdbeute ausnimmt und zubereitet. Ein Mädchen grillte einen Specht am Spieß. Es war ein barbarisches Bild, wie dem Specht der Stock zum Schnabel heraus schaute! Gelegentlich gab es auch Affenfleisch zu essen. In manchen Indianerstämmen wird den Affen das Fell abgebrannt, was einen entsprechend schrecklichen Gestank erzeugt. Die Candoshi haben zum Glück eine andere Technik. Sie tauchen den Affen in kochendes Wasser und schaben ihm das Fell ab.

An einem dieser Tage, als wir während einer Pause zum Masato in einem der Häuser zusammen saßen, erhielt ich ganz überraschend einen Candoshi-Namen verliehen: Sundi. Meiner Frau, Martha, haben sie – trotz Abwesenheit („für den Fall, dass Du auch eine Frau hast") – auch einen Namen gegeben: Yamachi. Keiner konnte mir sagen, was diese Namen bedeuten, aber es sind anscheinend „anständige" Candoshi-Namen.

Wie sich dann später herausstellte hieß der Dorfchef auch Sundi und seine Frau Yamachi. Bei einem Besuch in Sundis Haus teilte dieser Friedrich seine Wünsche mit, nämlich welche Form von Unterstützung er gerne von der Mission hätte. Seine Vorstellungen waren recht konkret: ein Funkgerät, einen Brunnen und medizinische Unterstützung. Sundi erzählte, wie ihnen während des Grenzkonflikts zwischen Peru und Ecuador ecuadorianische Pässe angeboten wurden. Das „Gegenangebot" des peruanischen Staates war elektrisches Licht. Man installierte in jedem Dorf am Fluss elektrisches Licht, betrieben durch eine Autobatterie, und mit einer Solarzelle zum Aufladen der Batterie. - In Hortensia Cocha war die Anlage zufällig in Sundis Haus installiert ...

Am Ende der Bibelwoche boten die Leiter der Candoshi-Kirchen den Teilnehmern eine Gelegenheit an, ihr Leben mit Gott in Ordnung zu bringen. Wer sich taufen lassen wollte, sollte sich bei der Kirchenleitung melden. Als am entsprechenden Tag die Namen derjenigen aufgerufen wurden, waren es insgesamt zweiunddreißig Männer und Frauen. Einer nach dem anderen bekannte öffentlich Sünde in seinem Leben.

Viele Männer bekannten, sich mit Masato betrunken zu haben. Öfters kamen auch Eheprobleme ans Licht und einige Frauen bekannten, ihre Männer durch das Vorenthalten von Masato bestraft zu haben. Da der Masato von der Ehefrau zubereitet und ausgeschenkt wird, hat sie dadurch auch Macht über ihren Mann. Die Frau kann ihren Mann einerseits damit „bestrafen", indem sie ihm wenig zu trinken gibt. Daneben kann sie auch die Ehre ihres Mannes vor Besuchern herabsetzen, indem sie dem Besuch nichts oder nur wenig zu trinken ausschenkt.

Nach dieser Zeit der Sündenbekenntnisse stellten sich die Gläubigen in zwei Reihen vor der Schule auf und zogen dann singend zum Fluss. Dort angekommen folgte eine kurze Predigt von Konambi, anschließend wurden einundzwanzig Männer und Frauen durch Untertauchen getauft.

Bereits am Morgen dieses Tages war es einem Mann sehr schlecht gegangen. Schon während der Nacht musste er öfters blutig erbrechen. Seine Mutter war total erregt, und das halbe Dorf stand neben dem Moskitonetz, unter dem der Kranke lag. Schlussendlich entschieden sie, ihn nach Ullpayacu zum Arzt zu bringen. Zwei Tage später, einem Sonntagmorgen, als wir gerade den Abschlussgottesdienst der Bibelwoche feierten, kehrten sie zurück. An den markerschütternden Schreien einer Frau wurde deutlich, dass sie den Mann tot zurückbrachten, er war bereits schon während der Fahrt nach Ullpayacu ver- storben. Der Tote wurde im Haus seines Vaters, in Tüchern eingewickelt, aufgebahrt. Den ganzen Tag über hörte man die Totenklage der Witwe, die in Trauer versunken auf der Schlafplattform in ihrem Haus saß und immer wieder schrie, so dass man erschauderte. Da wir am selben Tag abreisten, erlebten wir die Bestattung nicht mehr mit. Die Candoshi bestatten ihre Toten oft zunächst einmal auf einer Art Gestell mit Dach, ganz in der Nähe des Hauses. Nach etwa einem Jahr, wenn der Leichnam verwest ist, werden die Knochen eingesammelt und in einer Kiste im Haus oder unter dem Dach verstaut.

Nach dem Gottesdienst und dem anschließenden Mittagessen machten sich die Teilnehmer, die von den anderen Flüssen angereist waren, auf die Heimreise. Wir dagegen machten uns

– zusammen mit Konambi und Mashingashi, deren Ehefrauen und insgesamt fünf Kindern – auf den Weg, um die restlichen vier Candoshi-Dörfer am Huitoyacu-Fluss zu besuchen.

Zuerst kamen wir nach Nuevo Ucayali. Dort fanden wir einen älteren Mann vor, den drei Tage zuvor eine Giftschlange in seinen großen Zeh gebissen hatte. Sein ganzer Fuß war dick angeschwollen und er hatte starke Vergiftungserscheinungen. Für die sonst in diesen Fällen übliche Elektroschock-Therapie war es leider zu spät. Doch konnten wir ihm aus den mitgebrachten Medikamenten Antibiotika verabreichen, und als wir einige Tage später wieder in das Dorf kamen ging es ihm schon viel besser.

Während der folgenden Tage besuchten wir die Candoshi-Dörfer am Huitoyacu-Fluss. In jedem Dorf führten wir Versammlungen durch, um die Menschen zu einem Leben mit Christus zu ermutigen. Aber auch, um die Gläubigen in diesen Dörfern zu stärken und sie zu ermutigen, sich doch wenigstens einmal wöchentlich zum Bibellesen und Austausch zu treffen. In allen Dörfern gab es eine gute Resonanz auf unsere Besuche, gleichzeitig wurde aber auch die geistliche Not deutlich, denn unter den Candoshi am Huitoyacu-Fluss gibt es bis heute keinen einzigen ausgebildeten Prediger.

Es war interessant zu beobachten, wie jedes Dorf seinen eigenen Charakter hat. Insbesondere erinnere ich mich an Puerto Chambira, das oberste der Candoshi-Dörfer am Huitoyacu. Es liegt an der Grenze zum Stammesgebiet der Achuar-Indianer. Das Dorf ist dreisprachig, d.h. es wird sowohl Candoshi, als auch Achuar und Spanisch gesprochen. Der Einfluss der Achuar machte sich sowohl im strengen Regiment des Dorfchefs, als auch im Baustil bemerkbar. Einige Häuser waren oval, nach Art der Achuar, gebaut. Sie waren riesig und wirklich beeindruckend. Im Gegensatz zu den bisherigen Dörfern, die wir besucht hatten, wurde ich hier auch mehrmals auf Spanisch angesprochen.

Während dieser Zeit hatten wir mit Konambi und Mashingashi ein längeres Gespräch über die traditionelle Weltanschauung der Candoshi. Zuerst sprachen wir über das Thema Krankheit. Wie schon gesagt, unterscheiden die Candoshi die Krankheiten, die durch Schadenszauber oder durch das Brechen von Tabus verursacht werden, von den Krankheiten der Weißen. Ich wollte wissen, wie man unterscheiden kann, ob die Ursache einer Krankheit Schadenszauber ist, oder ob es sich um eine Krankheit der Weißen handelt. Ich erhielt keine ganz klare Antwort, aber es scheint gewisse Symptome, wie z.B. einen Druck im Hals, zu geben, die auf Schadenszauber hinweisen. Wenn man sich nicht sicher ist, dann geht man zum Schamanen, der das feststellt. Dabei kommt es wohl gelegentlich auch zu Konflikten zwischen Schamanen, nach dem Motto: „Du willst demjenigen helfen, dem ich schaden will!"

Die Candoshi – wie auch andere Stämme – kennen verschiedene Praktiken, um zu übernatürlichen Kräften zu kommen und u.a. auch Zauberei betreiben zu können. Eine der Methoden ist das Trinken von Tabak und mehrtägiges oder -wöchiges Fasten. Im Gespräch kam heraus, dass auch die Candoshi bei der Zauberei das Grundprinzip des „Pfeils" kennen. D.h. in den Körper des Opfers, dem man schaden bzw. das man töten will, wird ein „Pfeil" hinein gezaubert. Die Übertragung erfolgt z.B. durch einen Wespenstich, einen Schlangenbiss, oder auch den Pfeil des Blasrohrs. Auch der Flussdelfin, obwohl er nicht sticht, wird als Überträger angesehen. Der Delfin verfolgt ein Boot, und wenn der Insasse dann erschrickt und Angst bekommt, wird er krank. Wenn jemand durch Schadenszauber krank wurde, dann muss er – gemäß der Vorstellung der Candoshi – einen anderen Schamanen oder Heiler aufsuchen. Dieser saugt dann aus dem Körper des Opfers die ca. 1 – 2 cm langen Pfeile, die wie Fischgräten aussehen, heraus. Diese Pfeile werden den Anwesenden gezeigt, ihre Spitze wird am Feuer abgebrannt um sie zu zerstören, und anschließend werden sie weg geworfen.

Ich wollte nun wissen, ob der Schlangenbiss des Mannes in Nuevo Ucayali auf Zauberei zurückzuführen sei. Man antwortete mir, dass dies nicht der Fall sei. Mashingashi war sich da ganz sicher, hatte aber keine Erklärung dafür.

Die Candoshi haben – wie alle Stämme – Mythen, die ihre traditionelle Weltanschauung beschreiben. Zu diesen Mythen gehören auch Erzählungen der Sintflutgeschichte. Diese spielte sich nach ihrer Vorstellung natürlich in ihrer Gegend ab. Mit der Sintflut hängt für sie wohl auch die Herkunft zahlreicher Tierarten zusammen, wie z.B. dem Tapir, verschiedenen Affenarten, etc. All diese Tiere seien vorher Menschen gewesen, starben aber während der Sintflut. Manche davon waren ehemalige Candoshi, Achuar oder Huambisa. Sie erzählten auch die Geschichte von einem Candoshi, der sich versehentlich den Daumen abgehackt hatte. Aus Kummer darüber hat er dann viel geweint und dabei seine Trinkschale verschluckt. Danach hat er sich in einen Affen verwandelt – mit einem dicken Hals natürlich! Da haben wir also die Evolution rückwärts, vom Menschen zum Affen. – Wer weiß, ob nicht die Candoshi damit mehr recht haben als Darwin & Co...?

Immer wieder erstaunlich war auch die offene Neugier der Leute. Klar, einerseits haben die allermeisten Candoshi-Häuser, abgesehen von wenigen Ausnahmen, keine Wände. Da sieht man sowieso alles, was der Nachbar so macht. Und dann kommt natürlich nicht jeden Tag ein „Gringo" ins Dorf. Und dieser wird dann natürlich genau beobachtet, vor allem auch seine „Verrücktheiten". Eines Morgens, als ich gerade meinen Kaffee zubereitete, war es richtig spaßig, die Kommentare im Nachbarhaus zu hören. Aus der Ferne wurde jeder Schritt genau studiert und kommentiert: „Kaffeepulver...", „Zucker..." (ich tat aber Milchpulver hinein), „ah, jetzt Zucker..." (jetzt tat ich wirklich Zucker hinein).

Nachdem wir die Dörfer am Huitoyacu-Fluss besucht hatten, wurde es Zeit, an den Chapuri-Fluss zurückzukehren. Einerseits mussten wir noch unsere Begleiter, Mashingashi und seine Familie, in ihr Dorf Nuevo Yarina zurück bringen. Und dann mussten wir ja rechtzeitig zum vorgesehenen Rückflug-Termin wieder in Huambra Cocha sein. Auf der Rückfahrt legten wir einen Zwischenhalt in Musa-Karusha ein. Tsanchi, der Sanitäter, lud uns zum Essen ein. Es gab Affe – diesmal nicht so zäh wie bei der letzten Mahlzeit, sondern richtig gut. Zur selben Zeit war ein Händler, ein Mestize, im Dorf. Als dieser zufällig vorbei kam und unser Essen sah, fragte er Tsanchi: „Esst ihr gerade Landsleute?" Nun, als Mestize fand er diese Bemerkung lustig, denn in Peru stehen die Indianer leider am untersten Ende der Gesellschaft. Und das bekommen sie auch immer wieder zu spüren. Sei es mit einer Bemerkung wie dieser, oder schlimmer noch, indem sie um ihre Rechte betrogen werden. Mein Kollege Friedrich reagierte geistesgegenwärtig und sagte zu dem Händler: „Landsleute von dir, nicht von ihm!" Daraufhin verzog sich dieser mit einem verlegenen Lächeln.

In Musa-Karusha konnten wir auch beobachten, was der ständig steigende Wasserstand während der Regenzeit für die Menschen bedeutet. Nicht nur, dass die Dörfer und Häuser immer mehr überschwemmt werden, was das Leben und die hygienischen Verhältnisse immer schwieriger macht. Oft werden auch die Pflanzungen überschwemmt und die darin angepflanzten Bananenstauden und Yuca-Pflanzen sterben ab und verfaulen. Da bleibt ihnen nur übrig, die Yuca noch schnell zu ernten, zu Masato zu verarbeiten und zu trinken.

Aufgrund des schlechten Wetters während der Regenzeit musste unser Flug um einen Tag verschoben werden und wir bekamen eine „Verlängerung" unseres Aufenthalts. Zum Schluss stieg dann auch noch das Mikrophon unseres Funkgerätes aus, und so hatten wir keine Möglichkeit mehr, uns mit dem Missionsflugdienst zu verständigen. Aber der Pilot fand uns trotzdem und brachte uns gut nach Cashibo zurück.

Während dieser Reise hatte ich einen ersten Eindruck vom Leben in den Indianerdörfern erhalten, und auch heute denke ich noch gerne an diese Zeit zurück. Oft habe ich über die Candoshi gestaunt, wie sie es schaffen, mit ihren relativ einfachen Mitteln im Urwald zu leben und zu überleben. Unsereiner wäre dort hoffnungslos verloren. Es war auch interessant zu beobachten, wie die Indianerkinder von Anfang an auf spielerische Art und Weise lernen, das Leben zu meistern und schon früh die Fertigkeiten entwickeln, die sie später zum (Über-) Leben im Urwald brauchen. So schälte ein 3-jähriger Junge schon ganz selbstverständlich sein Zuckerrohr mit der Machete. Die Kinder wissen bereits ganz genau, wie man Fisch oder die Jagdbeute ausnimmt und zubereitet – und vieles andere mehr.

Aber auch Schattenseiten des Indianerlebens wurden deutlich: Viele haben Angst vor Schadenszauber. Und zwar nicht nur die, die sich als Opfer davon fühlen, sondern auch diejenigen, welche als potentielle Täter angesehen werden. In diesem Zusammenhang haben sie natürlich auch Angst vor der Blutrache. Sehr schnell habe ich gemerkt, dass es pure Illusion ist, wenn man das Leben im Urwald zu einem Leben im letztes Paradies idealisiert. Manchmal trifft da doch wohl eher die Bezeichnung von der „grünen Hölle" zu, auch wenn das ein bisschen überzogen ist. Denn die Realität ist: Parasiten und Stechmücken hinterlassen ihre Spuren. Viele Kinder sind mangel- oder unterernährt. Sie haben einen dicken, von Würmern aufgeblähten Bauch, aber ganz dünne Arme und Beine. Malaria, Hepatitis B und Tuberkulose sind verbreitete Krankheiten, und manchmal führt eine einfache Erkältung, die sich zur Lungenentzündung steigert, zum Tod. Vor allem Frauen leiden unter rheumatischen Krankheiten, bedingt durch die permanente Feuchtigkeit und schwere Arbeit.

So ist auch die heutige Situation der Candoshi alles andere als rosig. Die Bevölkerung leidet insbesondere unter der starken Verbreitung von Hepatitis B und den Folgen. In den vergangenen Jahren sind viele an dieser Krankheit gestorben. Und es gibt viele, die krank und ohne Hoffnung auf Besserung sind. Viele sind verzweifelt, weil zwar die neugeborenen Babys und Kinder gegen diese schlimme Krankheit geimpft werden, den infizierten Erwachsenen aber nicht geholfen werden kann. Insbesondere die Männer reagieren darauf auf traditionelle Weise wie „echte Candoshi": Früher zogen sie als Krieger ohne Furcht vor dem Tod in den Kampf. Heute fordern sie den Tod heraus, indem sie sich systematisch mit Masato betrinken.

4. Okama

Es war im April 1999, wenige Tage vor Beginn des ersten gemeinsamen Bibelkurses, in Cashibo. Okama saß im Bibelschulbüro und wartete auf das Einführungsgespräch mit Ezequías, dem damaligen Direktor der Bibelschule. „Hallo Sundi!", sprach er mich mit dem Candoshi-Namen an, den sie mir in seinem Dorf gegeben hatten.

Während meines Besuchs in Hortensia Cocha hatten wir nur ganz wenige Worte miteinander gesprochen. Er war der Organisator der Bibelwoche in seinem Dorf und ich hatte ihn

als einen freundlichen und zurückhaltenden Mann in Erinnerung. Und als den Mann mit der Trillerpfeife – obwohl er sie meines Wissens in dieser Zeit nie benutzt hat.

Okama, zusammen mit seiner Familie und dem Dorfchef Sundi (rechts), vor dessen Haus in Hortensia Cocha.

Jetzt sprudelte er richtig vor Worten und ich war erstaunt, dass er doch so viel Spanisch konnte. Man merkte ihm an, wie froh er war, in dieser für ihn neuen und so fremden Umgebung, einen Bekannten zu treffen. Ich lud ihn ein, mich zu besuchen und gemeinsam die Fotos vom Besuch in seinem Dorf anzuschauen.

Schon bald durften wir ihn, zusammen mit seiner Frau Florinda und seinen drei Kindern, bei uns zu Hause begrüßen. Seitdem waren sie regelmäßig bei uns zu Besuch. Bei ihrem ersten Besuch ließ sich auch Florinda zu einem Kaffee einladen. Während der Stammesreise genoss ich es – als Alternative zum Masato – immer wieder ein Tässchen Kaffee zu trinken. Ich sagte dann immer scherzhaft „dies ist mein Masato" – und alle lachten (obwohl es ja wirklich so ist, denn in unserer Kultur hat Kaffee einen ähnlich gemeinschaftsfördernden Charakter wie der Masato bei den Candoshi). Während Okama den Kaffee mochte, ließ Florinda nach dem ersten Nippen die volle Tasse stehen. Als ich sie später wieder fragte, ob sie auch ein „Käffchen" möchte, hat sie immer nur zurückgelacht und eine Limonade vorgezogen. Nun, die Geschmäcker sind eben verschieden und ich erinnerte mich dankbar an das Verständnis, das die Candoshi mir entgegenbrachten, wenn ich an manchen Tagen eben keinen Masato mehr trinken konnte bzw. wollte, bis dann der Moment kam, in dem es doch wieder ging und er mir auch schmeckte.

Schon während der ersten Woche des Bibelkurses wurde Okamas kleiner Sohn Mama, der damals etwa ein drei viertel Jahr alt war, sehr krank. Er hatte Brechdurchfall, der einfach nicht aufhören wollte. Als sie schließlich mit ihm die Kranken-station aufsuchten, war der Kleine schon gefährlich ausge-trocknet. Eines Morgens nach dem Unterricht bat mich Okama darum, ein Foto von seinem Sohn zu machen. Ich spürte, dass er Angst um das Leben seines Kindes hatte. Während ich noch mit der anderen Klasse Unterricht hatte, kamen Okama und Florinda mit ihren Kindern zu uns nach Hause. Martha war mitten im Kochstress und dachte: „Oh, nein, nicht jetzt, kein Besuch bitte!" Martha sah, dass sie bedrückt aussahen und fragte sie nach ihrem Anliegen. Okama wollte, dass sie Fotos von seinem Sohn machte. Dann, plötzlich kamen ihm die Tränen und bestürzt sah Martha, wie auch Florinda die Tränen über die Wangen liefen. Martha fragte sich, was hier los sei. Okama presste hervor: „Das Kind wird sicher sterben." – Er wollte wenigstens noch ein Erinnerungsfoto von ihm haben. Betroffen stand Martha da und fühlte sich hilflos gegenüber dieser Angst der Eltern. Auf ihre Fragen hin bestätigte Okama, dass sie bereits bei der Krankenschwester gewesen wären. Diese sagte zwar, dass der Kleine wieder gesund werden würde, aber er konnte dies nicht glauben. Insgeheim fragte sich Martha, ob sie schon andere Kinder verloren hatten – und später erfuhren wir, dass tatsächlich schon zwei Kinder wegen Durchfall gestorben waren. Martha wusste nicht weiter und begann zu beten. Sie spürte, dass diese Sache auch einen geistlichen Hintergrund hatte, eine schwer zu greifende Bedrohung. Doch trotzdem hatte sie auch eine Zuversicht, dass das Kind wieder gesund werden würde. Dann holte sie den Fotoapparat, um die Bitte zu erfüllen und machte einige Bilder. Eineinhalb Stunden später – wir hatten Besuch von Michael, dem Geschäftsführer von *indicamino* Deutschland, und saßen gerade beim Mittagessen – kamen Okama und Florinda wieder mit ihren Kindern. Man sah ihnen ihre Sorgen an und wie sie ihren Sohn schon längst aufgegeben hatten. Okama wünschte sich noch ein Foto von seinen Kindern, zusammen mit unserer Tochter Janina. Zuerst betete ich noch für den Kleinen, dann machte ich nochmals Fotos.

Die Zeit verging und der Zustand des kleinen Mama wurde nicht besser. Nachts hörten wir sein Weinen aus der Krankenstation, die direkt gegenüber von unserem Haus lag. Schließlich entschieden die Krankenschwestern, ihn doch ins Krankenhaus nach Pucallpa zu bringen. Die Eltern wollten erst nicht richtig, waren dann aber doch bereit dazu. Bibelschüler und Missionare blieben zusammen im Gebet für das Leben von Mama. Es schien klar zu sein, wenn der Junge stirbt, dann wird Okama zurück in sein Dorf reisen und seine Ausbildung abbrechen. Was würde dann mit den wenigen Gläubigen am Huitoyacu-Fluss geschehen, wo Okama doch endlich der erste ausgebildete Pastor sein könnte?

Okama blieb als Übersetzer mit im Krankenhaus, da Florinda fast kein Spanisch sprach. Eines Nachts kam Okama mit der Nachricht zurück, sein Kind sei gestorben. Sabine, die Krankenschwester, war ganz erschüttert und konnte es fast nicht glauben. In der ganzen Hektik wurde in der Nacht noch schnell ein Sarg gezimmert und der Rückflug in sein Dorf organisiert. Als sie dann am nächsten Morgen ins Krankenhaus fuhren, lag der kleine Mama putzmunter in seinem Bettchen. Es war ein anderes Kind, im selben Zimmer, das gestorben war. In der ganzen Aufregung hatte Okama den Arzt nur teilweise verstanden und dann die Hiobsbotschaft nach Cashibo gebracht. Uns allen fiel ein Stein vom Herzen, dass der Kleine lebte und wenige Tage später gesund zur Missionsstation zurückkehren konnte. Es war schön, die

Gesichter von Okama und Florinda wieder strahlen zu sehen und zu beobachten, wie Mama während der folgenden Wochen wuchs und gedieh.

Später brachte Okama seine weiteren Wünsche nach Erinnerungsfotos vor. Er hatte genaue Vorstellungen, vor allem auch, dass ein Auto als Hintergrundkulisse dienen sollte - denn Autos gibt es bei den Candoshi nicht, ihr Fortbewegungsmittel ist das Kanu.

Ein weiterer Wunsch war, dass ich ihm eine Uhr besorgen sollte. Er fragte, was meine gekostet hatte (eine Billiguhr mit LED-Anzeige für ca. € 3,--). Dann wollte er wissen, ob auch Automatikuhren von Citizen in Pucallpa angeboten werden? Diese Frage brachte mich wieder einmal darüber ins Staunen wie nicht nur Coca-Cola, sondern auch die Kenntnis anderer Produkte bis in die hintersten Winkel des peruanischen Urwaldes vorgedrungen sind...

Während ich bei unserem Gespräch von der Zweckdienlichkeit und dem geringeren Verlust bei einem zufälligen und sehr wahrscheinlichen Bad mit Uhr, ausging spielte für ihn das Prestige eine bedeutende Rolle. Bei uns gängige Sprüche wie „Kleider machen Leute!" oder „Haste was, dann biste was!" sind ebenso gut auf die Candoshi anwendbar. Mangels Finanzen einigten wir uns dann doch darauf, nur eine Billiguhr zu kaufen. Diese gefiel ihm dann auch ganz gut. Wenige Tage darauf, bei einem weiteren Besuch, entdeckte ich diese Uhr an Florindas Handgelenk, ohne eine Uhrzeit anzuzeigen. Ich dachte schon „Oh nein, ist die Batterie so schnell zu Ende gewesen!" Auf meine Frage erklärte mir Okama, dass sie mit dem Kanu auf der Cashibococha – einem See in der Nähe von Cashibo – gekentert waren. Ein paar Wochen später hatte er dann endlich seine „Traumuhr". Eine peruanische Missionarin, die mit den Candoshi arbeitete, ließ sich erweichen...

Das Studium an der Bibelschule war für Okama aus verschiedenen Gründen eine besondere Herausforderung. Einerseits hatte er, bedingt durch die Krankheit seines Sohnes zu Beginn des Bibelkurses, gleich einen schweren Start, da er auf diese Weise einige Unterrichtsstunden versäumte. Und dann war er das Studieren einfach nicht gewohnt, denn die für ihn üblichen Aktivitäten sind Fischen, Jagen oder in der Pflanzung arbeiten. Erschwerend kam dazu, dass Okama als Kind nur zwei Jahre lang die Primarschule besuchen konnte, und gerade so einigermaßen lesen und schreiben konnte. Dennoch hat er sich mit all seinen Kräften ans Studium gemacht und schlussendlich seinen Kurs bestanden.

Ein Jahr später kam er dann wieder nach Cashibo, um seine Ausbildung fortzusetzen. Während dieser Zeit hatten wir wieder viele Begegnungen und Gespräche. Öfters arbeitete er auch bei uns, denn er wollte sich eine Gitarre kaufen und brauchte Geld dafür. Seine Frau Florinda arbeitete auch. Und wieder lernte ich etwas Neues: Viele Indianer haben getrennte Kassen! Was der Mann verdient, das verwendet er nach seinem Gutdünken; was die Frau verdient, verwendet sie, so, wie es ihr gefällt. Florinda unterstützte jedoch ihren Mann und gab ihm einen „Zuschuss" zum Kauf seiner Gitarre.

Als Okama im Jahr 2001 wieder nach Cashibo kam, stellten sich schon bald gesundheitliche Probleme bei ihm ein. Trotz Behandlungen in der Krankenstation von Cashibo und Besuchen bei Ärzten in Pucallpa verschlimmerte sich sein Zustand immer mehr. Schließlich hatte Okama alle Hoffnung, dass ihm geholfen werden würde, verloren. Er bestand darauf, in sein Dorf zurückgebracht zu werden. Ich erinnere mich noch gut an den Abschied, an jenen Abend, bevor er nach Hause geflogen wurde, wie er da auf einer Decke vor dem Häuschen für die Schwerkranken lag. Es war ein schwieriger Abschied für mich, denn ich war mir bewusst, dass wir uns vermutlich das letzte Mal sehen würden.

Wenige Wochen nach seiner Rückkehr erhielten wir die Nachricht, dass Okama in seinem Dorf verstorben war. – Es war schwierig für mich damit umzugehen und es gab so manches, das ich nicht verstehen konnte. Zwei Jahre vorher hatten wir erlebt, wie Okamas Sohn wieder gesund wurde. Und nun ...? Warum ...?

Inzwischen hat Salvador, Okamas Schwager, die Leitung der kleinen Gemeinde in Hortensia Cocha übernommen und eine Ausbildung an der Bibelschule in Cashibo begonnen. Florinda, seine Schwester, hat wieder geheiratet. Ihr und ihren Kindern scheint es gut zu gehen. Und Mama ist schon ziemlich groß geworden ...

5. Paohyan

Im Oktober 1999 hatte ich die Gelegenheit bei einer Reise eine weitere Stammesgruppe besser kennen zu lernen: die Shipibo-Indianer. Ich durfte Rafael in sein Heimatdorf Paohyan begleiten. Rafael ist Shipibo-Indianer. Er war bis 2013 der Geschäftsführer von FAIENAP, dem Dachverband der evangelischen Indianerkirchen des peruanischen Amazonastieflandes. Er unterrichtete außerdem als Lehrer an der Bibelschule.

Von Pucallpa aus fuhren wir mit einem größeren Schiff den Ucayali-Fluss hinunter in Richtung Contamana. Diese Schiffe („lanchas" genannt) sind recht speziell und eigentlich eher so etwas wie Fähren. Im Unterteil wird die Fracht verstaut, im Oberteil fahren die Passagiere mit. Dabei gibt es allerdings keine Sitzplätze oder so. An der Decke hängen, parallel zueinander, mehrere Eisenrohre. Daran befestigt man seine Hängematte. – Und zwar so dicht wie möglich an der Seite des Nebenmanns. Denn es wollen und sollen ja so viele Passagiere wie möglich mitfahren!

Wir fuhren am späten Abend ab und kamen so gegen fünf Uhr morgens in Paohyan an, wo uns Julio, Rafaels Bruder, bereits zusammen mit seiner Familie erwartete. Wir wurden in einem leerstehenden Haus untergebracht und danach auch bald zum Frühstück gerufen. Es gab gebratenes Ei, geröstete Bananen und eine Mehl-Zucker-Suppe.

Paohyan, Oktober 1999

Mein erster Eindruck von Paohyan war: Das Dorf war riesig groß! Im Vergleich zu den Candoshi-Dörfern, die ich bisher kennen gelernt hatte, waren achthundert Einwohner eine große Zahl. Im Dorf gibt es mehrere Schulen, auch eine Sekundarschule, eine große Satellitenschüssel fürs Fernsehen und hohe Masten mit Lautsprechern dran. Jedes Haus hat sein Latrinenhäuschen und es gibt so etwas wie Läden. In einem der Lädchen kehrten wir dann auch auf ´ne Limo ein. Der Inhaber, Miguel, war einer der Teilnehmer des Bibelkurses, den wir im Dorf durchführten. Er schenkte jedem von uns eine Wassermelone und während der folgenden zwei Wochen waren wir noch öfters in seinem Lädchen zu Gast, bis die Limo eines Tages zu Ende ging.

Miguel hatte gerade erst die Reis-Ernte eingebracht. Doch der Preis war damals sehr niedrig. Für die Tonne Reis (ungeschält) wurden damals S/ 250,--, d.h. S/ 0,25 pro Kilo gezahlt (S/ = Nuevo Sol, die peruanische Währung). In Euro umgerechnet entsprach das damals ungefähr 7,5 Cent pro Kilo! Daher ließ er den Reis noch lagern bis die Nachfrage wieder stieg, um auf diese Weise seinen Ertrag zu verdoppeln.

Während unseres Rundganges trafen wir auf Benjamin. Er war von April bis August in Cashibo und dort einer meiner Schüler an der Bibelschule gewesen. Ich freute mich natürlich sehr, ihn wieder zu sehen und vor allem seine Heimat kennen zu lernen. So gegen elf Uhr brachen wir dann zu einer Kanufahrt auf die andere Seite des Ucayali-Flusses (der etwas weiter flussabwärts dann Amazonas heißt) auf. Julio und Benjamin steuerten das Kanu, Rafael und ich waren „nur" Passagiere. Da es sich um ein recht langes und großes Kanu handelte, lag es ganz gut im Wasser. Dennoch war ich etwas besorgt, denn es fehlte schon ein Teil der Seitenwand, und der Ucayali war recht breit und hatte eine ziemliche Strömung. Ich erinnerte mich noch an mein Erlebnis bei den Candoshi, wie ich damals das Kanu versenkte, und saß stocksteif da! Auf der anderen Seite angekommen liefen wir noch einige hundert Meter die Sandbank entlang. Dann ging es zirka einen Kilometer in den Urwald hinein zu einer neuen Pflanzung. Benjamin und Julio hatten ungefähr zwanzig Tage zuvor das Gelände abgeholzt, und nun war der Moment gekommen, das neu gewonnene Feld abzubrennen. Sie zündeten die dürren Äste der gefällten

Bäume an und es gab ein mächtiges Feuer, das einmal entfacht, unaufhaltsam alles nieder brannte.

Am nächsten Morgen gab es eine Überraschung. Bereits um vier Uhr morgens (!) begann man mit dem „Dorfradio", das über die Lautsprecher, die an den hohen Masten befestigt waren, das ganze Dorf beschallte. Zuerst gab es Durchsagen von der „Stadtverwaltung", anschließend von der Kirche. Die einen luden zum Fußball ein, die anderen zum Gottesdienst. Rafael und ich wurden herzlich begrüßt (ich hätte eigentlich lieber in Ruhe weiter geschlafen ...). Dann wurden eine Predigtkassette und christliche Musik abgespielt, und danach gab es wieder Ansagen der „Stadtverwaltung". Nach zwei bis drei Stunden wurde es endlich wieder ruhig. Eigentlich hatte ich an diesem Morgen eher den Eindruck, in Lima oder L.A. zu sein als in einem Indianerdorf im Urwald ... An die Sache mit dem Dorfradio musste ich mich leider gewöhnen. Manchmal waren sie gnädig und die Durchsagen begannen erst nach fünf Uhr morgens, einmal begannen sie sogar schon vor vier Uhr!

Der Bibelkurs im Indianerdorf war eine interessante Erfahrung. Die meisten Teilnehmer waren Laien und sehr interessiert mit dabei. Das Thema eines meiner Kurse war „Seelsorge". Im Unterricht sprachen wir über verschiedene Probleme, unter anderem auch über die Sexualität. Es gab eine sehr offene und eifrige Beteiligung der Schüler in Spanisch, aber auch einen sehr regen Austausch untereinander in Shipibo. Einer wollte wissen, ob es gut ist, zärtlich zu seiner Frau zu sein. Ich spürte ein großes Bedürfnis nach Orientierung heraus, gerade auch bei diesen Fragen zur Sexualität. Und es wurde deutlich, dass es für eine gute Ehe wichtig ist, dass auch die Ehefrau Erfüllung erfährt.

Während meines Aufenthaltes in Paohyan erfuhr ich, dass die Shipibo-Indianer bis in die 1950er Jahre die Beschneidung der Frauen durchgeführt haben. Zu diesem Anlass feierte man große Feste – eine Woche lang – mit viel Alkohol, und Darbietungen wie die Jagd auf zuvor gefangene Tiere. Die Frau wurde betrunken gemacht und anschließend von vier bis fünf Männern ins Haus gebracht und beschnitten. Es lebten anscheinend noch 1 – 2 ältere Frauen in Paohyan, die früher beschnitten wurden. Als Erklärung für diesen Brauch erhielt ich die Antwort, dass damit die Frau in ihrer Sexualität gebremst werden sollte, damit sie keine Beziehungen mit fremden Männern sucht. Allerdings war man sich nicht sicher, ob das der ursprüngliche Grund für die Beschneidung war.

Mit demselben Schüler, der die Frage nach dem Zärtlichsein gestellt hatte, kam ich nach einem Mittagessen über das Thema Kindererziehung ins Gespräch. Er machte sich Sorgen, weil seine vierjährige Tochter manchmal trotzig war – und auch, weil sie viele Fragen stellte. So etwas wie Entwicklungsphasen eines Kindes waren ihm total unbekannt. Daher war er verunsichert, ob sein Kind wirklich „normal" war.

Immer wieder kam ich auch mit Julio und Benjamin ins Gespräch. Sie wollten natürlich viel über das Leben in Deutschland erfahren und das meiste ließ sich auch erklären. Aber, wie erklärt man jemanden, der es noch nie gesehen, bzw. berührt hat, was Schnee ist ...?

Benjamin erzählte bei einer dieser Gelegenheiten auch etwas mehr über sich. Er war während des Bibelkurses ziemlich beschäftigt, da er einerseits für die ganze Verpflegung sorgen musste, zur selben Zeit aber auch mit dem Bestellen seiner Pflanzung beschäftigt war. Er war gerade dabei, Bananen und Yuca zu pflanzen und allein die Anreise zu seinem Feld dauerte fast eine Stunde. Benjamin war damals 29 Jahre alt, seine älteste Tochter war 12 ... Er erzählte mir, wie er bereits mit 16 Jahren geheiratet hatte, seine Frau war damals 12, so alt wie seine Tochter jetzt war. Auch heute heiraten Shipibo-Jungs teilweise noch mit 16 oder 17 Jahren, die Mädchen zum Teil noch jünger. – Bei den Candoshi gibt es sogar Mädchen, die mit 15 schon Torschlusspanik haben, weil sie befürchten, keinen Mann mehr zu kriegen.

Einmal kam ich mit Julio über das Thema „Steuern" ins Gespräch und er wollte wissen, was ich davon halte. Für ihn als Shipibo war das eines der vielen Geheimnisse der modernen Welt, denn ihm war weder klar, warum es Steuern gibt, noch was damit gemacht wird. Im Laufe des Gesprächs kamen wir auch auf die Altersversorgung zu sprechen. Julio erklärte mir, bei den Shipibos sei es normalerweise die

Aufgabe der Kinder, für die Eltern im Alter zu sorgen. Doch es gibt immer mehr Fälle, in denen Kinder die Eltern verlassen und diese in großem Leid sterben.

Eines Tages, als es geregnet hatte und wir zu unserem Haus zurückgingen, sahen wir einen Regenbogen. Julio erklärte mir, dass das Shipibo-Wort für Regenbogen weder etwas mit Regen, noch mit einem Bogen zu tun hat. Wörtlich übersetzt bedeutet das Shipibo-Wort dafür „der Teufel kreuzt". D.h. der Regenbogen ist ein Zeichen dafür, dass der Teufel gerade unterwegs ist. Früher flüchteten sich die Leute ins Haus, damit sie nicht verwundet würden.

Eine der beliebtesten Freizeitbeschäftigungen der Leute in Paohyan ist Fußball. Dabei wird aber nicht nur „just for fun", sondern auch um Geld gespielt. D.h. jeder Spieler muss als Einsatz S/ 0,50 bringen. Die Siegermannschaft erhält dann das Geld. Entsprechend hart wird auch gespielt und so kam es, dass einer der Teilnehmer des Bibelkurses zuletzt mit einem geschwollenen Knie herumlief. Besser war es da beim Damenfußball. Es gab immer eine ganze Menge Zuschauer, vor allem Männer! Die Indianerinnen spielten barfuß und elegant, ihre Röcke hinderten sie dabei nicht im Geringsten. Damenfußball ist in den Indianerdörfern – in vielen Stämmen – recht populär.

Eine andere Freizeitbeschäftigung in Paohyan ist das Bingo-Spiel. Obwohl man mir öfters Lose zum Kauf anbot, konnte ich mich dafür allerdings nicht begeistern.

Julios Nachbar hat sich einen Holzbackofen gebaut. Er backt und verkauft Brötchen, manchmal auch Bizcochos, eine Art süßes Gebäck. Auf diese Weise gibt es öfters Brot im Dorf. Früher war das etwas Besonderes, und wenn jemand nach Pucallpa reiste, dann war es üblich, Brot als besonderen Leckerbissen mitzubringen.

Einmal beim Mittagessen, war der Grillrost über dem Feuer voller Carachama (einer Art großer Wels, gepanzert mit starken Schuppen). Allerdings gab es zum Essen Fischsuppe. Ich wartete immer darauf, dass es auch etwas vom gegrillten Fisch gäbe. Man bot mir nochmals von der Suppe an, aber ich lehnte ab. Man bot mir dann von dem gegrillten Carachama an, den ich natürlich dankbar annahm. Später merkte ich, dass ich der Einzige war, der etwas davon erhalten hatte. Als ich zurück im Haus war, musste ich darüber lachen. Ich sprach mit Rafael darüber und der klärte mich auf, dass der gegrillte Fisch für das Abendessen sei! Er erzählte auch, wie sich die Köchinnen darüber ausgetauscht hatten, ob ich überhaupt gegrillten Fisch mögen würde. Als ich diesen dann annahm, haben sie sich sehr gefreut. Rafael erzählte von den Bräuchen der Shipibos und wie man immer versucht, dem Gast etwas anzubieten. Wenn man nichts hat, dann entschuldigt man sich mehrfach dafür. Früher wurde unter den Shipibos auch noch mehr geteilt. Wenn jemand einen Paiche (ein sehr großer Fisch, eine Spezialität unter den Fischsorten im Urwald) oder eine Seekuh gefangen hatte, wurde die ganze Nachbarschaft zum Essen eingeladen. Dieser Brauch geht aber immer mehr verloren. Rafael erzählte auch, wie es ihm persönlich geht, denn er ist der einzige seiner Familie, der eine feste Anstellung und damit ein regelmäßiges Gehalt hat. Wenn seine Eltern bei ihm eingeladen sind, dann bringen sie auch die ganzen Enkel mit, weil es bei ihnen ja genug zu essen gibt ...

Am Wochenende fuhren wir zusammen mit Julio und den Jugendlichen der Gemeinde mit dem Boot flussabwärts nach Roaboya um die dortige Gemeinde zu besuchen. Ein Teil der Jungs spielte Musikinstrumente wie Gitarre, Charango,

 Trommel und Flöte. Sie bildeten eine Musik-gruppe und sangen christliche Lieder. Der Musikstil entsprach zwar mehr dem des peruani-schen Berglandes, aber die Texte waren in Shipibo. Die Mädchen machten ebenfalls mit. Sie trugen ihre Shipibo-Trachten, sangen, spiel-ten Tamburin und tanzten dazu. Diese Art von Folkloregruppen

ist unter den Shipibos sehr populär und jedes Jahr finden Musikwettbewerbe statt.

Nach ungefähr einer Stunde Fahrt kamen wir in Roaboya an. Bei einem Rundgang durch das Dorf blieben wir im Haus einer Tante von Rafael hängen und hatten auch schon bald die erste Mahlzeit vor uns, natürlich Fisch!

Etwas später lernten wir dann Agustín, den damaligen Pastor des Dorfes kennen. Er war fischen gegangen, um die Gäste verpflegen zu können, und war deshalb gerade nicht anwesend, als wir im Dorf ankamen. Angesichts der Anwesenheit des „Gringos" zeigte er sich besorgt, ob ich auch essen würde, was er anzubieten hatte. Die anderen Shipibos, die mich bereits kannten, haben darüber nur gelacht ...

Nach einem zweiten Mittagessen – natürlich mit Fisch – gab es dann eine Gelegenheit für eine Siesta – und damit auch der Mückenplage etwas zu entkommen. Und in Roaboya gab es wirklich sehr viele Moskitos. Da man sich um unsere Ruhe sorgte, quartierte man Rafael und mich bei der Jugend aus und im Sanitätsposten ein. Roaboya ist ebenfalls ein recht großes Dorf und hat fast 500 Einwohner. Es gibt sogar einen Stromgenerator, Glühbirnen in den Häusern und sogar Straßenlaternen! Aber mangels Finanzen für den Treibstoff wird der Generator nur selten, allenfalls zu besonderen Anlässen in Betrieb genommen.

Vor dem Abendgottesdienst gab es dann nochmals Essen – natürlich wieder Fisch und zwar richtig große Carachama. Rafael predigte im Gottesdienst und die beiden Musikgruppen von Paohyan und von Roaboya spielten viele ihrer Stücke. Bei den Abkündigungen gab es dann noch eine Überraschung. Agustín, der Pastor, sagte an, dass er am kommenden Tag zusammen mit uns in das gleichnamige Mestizendorf Roaboya fahren würde – um dort mit einigen Interessierten einen Gottesdienst zu feiern. Ich fühlte mich etwas überrumpelt davon, aber als Missionar muss man ja flexibel sein ...

Am nächsten Morgen frühstückten wir noch vor der Abfahrt, und so kam ich innerhalb von 18 Stunden zu meinem vierten Fisch. Danach, so um halb acht fuhren wir dann ab. Aus der angeblich 15-minütigen Fahrt wurden 30 Minuten. Als wir ankamen, war die Freude groß bei dem Mann, der zum Gottesdienst eingeladen hatte. Es war ein bisschen wie bei Petrus und Kornelius (vgl. Apostelgeschichte 10). Die gastgebende Familie war noch nicht gläubig, aber interessiert. Rafael erfuhr kurz vor Beginn des Gottesdienstes, dass er predigen sollte – und ich war froh, dass man mich nicht fragte, denn ich wäre in diesem Fall doch nicht so flexibel gewesen... Ein junger Shipibo leitete den Gottesdienst. Er sagte alle Lieder mit ihrer Nummer im Liederbuch an, nur – außer ihm hatte niemand ein Liederbuch! Mit der Zeit trafen immer mehr Leute ein, alles Frauen. Einige schauten auch durchs offene Fenster zu, und ein paar kannten sogar die Lieder. Nach dem Gottesdienst hatten wir noch ein wenig Zeit, um uns mit den Gastgebern zu unterhalten und uns an der von ihnen vorbereiteten Erfrischung zu stärken. Nachdem wir uns verabschiedet hatten musste Agustín noch schnell Benzin für die Rückfahrt kaufen. Wir gingen an den Fluss, an die Stelle, wo uns Agustín mit dem Boot abholen sollte. – Es dauerte und dauerte, aber es kam kein Boot, weil der Motor nicht ansprang. Der Stresspegel in mir stieg, denn vor uns lag ja nicht nur die Rückfahrt nach Roaboya (dem Shipibo-Dorf), sondern auch nach Paohyan. Irgendwann schaffte er es dann doch, den Motor in Gang zu bringen und wir wurden abgeholt. Als wir in Roaboya ankamen war auch schon das Mittagessen fertig. Natürlich Fisch, der fünfte innerhalb von 24 Stunden! – Ich esse immer noch sehr gerne Fisch, wirklich!

Nach unserer Rückkehr nach Paohyan erwartete uns noch eine knappe weitere Woche Unterricht. Die Zeit verging wie im Flug und am Donnerstag, fast Punkt 12.00 Uhr, begann die Absolvierungsfeier, mit der das Ende des Bibelkurses gefeiert wurde. Solche Absolvierungsfeiern sind in Peru – zumindest in den Indianerkirchen – sehr wichtig. Schon früh am Morgen hatte man begonnen alles aufzubauen und festlich zu schmücken. Dabei wurden auch mehrere Rollen farbigen Toilettenpapiers gebraucht, die wie Girlanden aufgehängt wurden. Da in Peru das Toilettenpapier „Hygienepapier" heißt, ist der Gebrauch nicht so einschlägig, wie bei uns in Deutschland, festgelegt. Man kann es daher auch zu

Dekorationszwecken, als Taschentuch, als Servietten-Ersatz, oder auch als Ersatz-Teller, beim Verteilen einer Hochzeitstorte, benutzen. Die Einsatzgebiete sind nahezu unbegrenzt ...

Bei so einer Absolvierungsfeier gibt es natürlich ein großes, leckeres Festessen. In Paohyan gab es Kochbananen, Erbsen, Reis, Spagetti und nein, keinen Fisch – sondern Wildschwein! Wichtig sind bei einer Absolvierungsfeier auch die Ansprachen. Rafael hielt eine Kurzpredigt innerhalb von nur sechs Minuten Rekordzeit – ich hätte das nie geschafft! Ich hatte die Aufgabe, mich bei der Gemeinde zu bedanken und brauchte dazu fast so lange wie Rafael. Und natürlich kommen bei einer Absolvierungsfeier auch immer die Dorfautoritäten zu Wort. Da Paohyan ein großes Dorf ist, das noch dazu in mehrere „Stadtviertel" eingeteilt ist, gab es natürlich eine ganze Menge davon. So gab es von den Dorfautoritäten insgesamt sieben (!) Ansprachen ...

Nach der Absolvierungsfeier begann nun das Warten auf das Schiff, mit dem wir zurück nach Pucallpa fahren wollten. Abends um acht Uhr kam eines, das aber total überfüllt war, weil am Vortag keines gekommen war. Als der Kapitän die vielen Leute aus Paohyan sah, die mitfahren wollten, fuhr er einfach vorbei, ohne anzuhalten. Die Hoffnung auf ein zweites Schiff bestätigte sich nicht und auch am folgenden Tag war keines in Sicht. Rafael erinnert sich auch heute noch gut daran, wie wir bis ein Uhr nachts am Ufer saßen, die Moskitos uns fast auffraßen, und ich verzweifelt versuchte, mich unter meiner langärmligen Regenjacke – schwitzend – einigermaßen vor den Biestern zu schützen und etwas zu schlafen. Der arme „Gringo", der so etwas nicht gewohnt war, tat ihm leid. – Nun, die Geduld des „Gringo-Greenhorns" wurde noch etwas länger strapaziert, denn es vergingen drei Tage, bis endlich wieder ein Schiff kam. Wenigstens gab es in Paohyan genügend zu essen – natürlich Fisch!

6. Bei den Quechua vom Pastaza-Fluss

Die Volksgruppe der Quechua-Indianer am Pastaza-Fluss umfasst ungefähr 2.000 Personen. Sie leben am oberen Teil des Pastaza-Flusses, nahe der ecuadorianischen Grenze, am Manchari-Fluss, am Nucuray-Fluss, sowie am Huasaga-Fluss und am Anatico-See. Der Ursprung der Gruppe liegt im Dunkeln, man vermutet aber, dass sie das Ergebnis einer frühen „Quechuaisierung" von indianischen Gruppen in der dortigen Gegend sind, denen die „Sprache der Incas" vermittelt wurde. Kulturell stehen sie ihren Nachbarstämmen, den Achuar und den Candoshi, sehr nahe. Viele Quechua-Dörfer sind mehrsprachig und es wird dort neben Quechua und Spanisch auch noch Candoshi oder Achuar gesprochen.

Dreimal hatte ich die Gelegenheit, die Quechua-Indianer am Pastaza-Fluss zu besuchen. Von 1999 bis 2001 führte ich bei ihnen jährlich einen dreiwöchigen Bibelkurs durch. Nicht nur meine Reisebegleiter wechselten von Jahr zu Jahr, sondern auch jeder Kurs fand in einem anderen Dorf statt. Dadurch hatte ich die Möglichkeit, verschiedene Dörfer in den verschiedenen Regionen des Quechua-Gebietes kennen zu lernen. Durch die Kontinuität der Besuche lernte ich immer mehr Leute kennen und es entwickelten sich Freundschaften mit Kursteilnehmern, die ich dann im folgenden Jahr wieder traf. Manche der Teilnehmer bewarben sich um einen Studienplatz an der Bibelschule in Cashibo und so traf ich ein paar von ihnen auch dort wieder.

Die Organisation der Bibelkurse stellte für die Quechua jedes Mal eine große Herausforderung dar. Denn bei jedem Bibelkurs mussten im gastgebenden Dorf etwa 140 Personen zusätzlich (inklusive Kinder) versorgt werden – und das drei Wochen lang! Meist gelang ihnen das recht gut. Aber gelegentlich ging auch mal was schief, und es gab kein Essen für die Teilnehmer – oder eben nicht genug. Doch sie wussten sich immer zu helfen und legten Arbeitseinsätze ein, um Yuca und Bananen zu ernten (wovon es meist reichlich gab), und natürlich auch um jagen und fischen zu gehen. Beim ersten Bibelkurs, in Capahuari, stellten mein Begleiter David und ich uns ganz selbstverständlich in die Schlange bei der Essensausgabe, um Essen zu fassen. Schon bald fiel uns auf, dass uns immer aus einem „Extra-Topf" serviert wurde. – Die Frauen kochten meist ein „Spezial-Menü" für uns. Jeder erhielt eine derartige Menge an Fleisch oder Fisch, die sonst normalerweise an drei bis vier Personen verteilt wurde. Es war mir ja echt peinlich, dass wir dermaßen bevorzugt behandelt wurden und Portionen erhielten, die uns sicherlich zum Platzen gebracht hätten – sofern wir ernsthaft versucht hätten, alles zu essen, was uns auf den Teller gehäuft wurde. Selbst an den Tagen, an denen kein Essen für die sonstigen Kursteilnehmer gekocht wurde, erhielten wir reichlich. Mit der Zeit verstand ich, dass dies die Art der Quechua war, um uns ihre Gastfreundschaft und ihren Respekt zu zeigen. So lernte ich es dann auch, diese Art von Sonderbehandlung – ohne ein schlechtes Gewissen deswegen zu haben – dankbar zu akzeptieren und anzunehmen. Zum Glück waren wir ja nicht gezwungen alles, was uns auf den Teller gehäuft wurde, selbst zu essen. So konnten wir dann auch reichlich an andere weitergeben, die im Moment nichts, oder zumindest nicht so viel zu essen hatten. Und diese freuten sich genauso wie wir an der guten Mahlzeit.

Während des ersten Bibelkurses, an einem Samstag, machten wir eine Bootsfahrt flussaufwärts nach Andoas Nuevo. In diesem Dorf kann man einige Dinge einkaufen.

Gleich nebenan ist das riesige Gelände einer Erdölgesellschaft (siehe Foto), die in dieser Gegend das „schwarze Gold" fördert. Die Anwesenheit der Erdölgesellschaft hat für die Quechua Vor- und Nachteile. Vorteile sind die Möglichkeit, dort von den Ärzten medizinische Hilfe zu erhalten, gelegentliche materielle Unterstützung für ihre Dörfer, und manchmal auch einen Job zu bekommen. Nachteile sind u.a., dass sich durch den Lärm (Maschinen, Fahrzeuge, große Verkehrsflugzeuge, die auf dem Firmen-Flughafen starten und landen) das Wild stärker in den Urwald zurückgezogen hat, und es schwieriger wurde zu jagen. Die Flüsse sind natürlich auch nicht sauberer geworden ...

Während eine Gruppe in Andoas Nuevo einkaufen ging, nutzte eine Familie den Aufenthalt zu einem Arztbesuch. Nach Erledigung der Einkäufe gingen wir zu Fuß flussabwärts, am Ufer des Pastaza-Flusses entlang, in das Dörfchen „Los Jardines". In dem Haus, wo wir auf die anderen aus unserer Reisegruppe warteten, wurde reichlich Masato ausgeschenkt. Es gab dort natürlich noch einen anderen Leckerbissen für die Quechua: eine große Schüssel, voll mit noch lebenden Suri (den Larven des Rüsselkäfers). Während eine der Indianerinnen sich daran genüsslich labte, hat es meinen Kollegen David beim Zusehen fast geschüttelt ...

Auf dem Rückweg nach Capahuari hielt das Boot in dem Dörfchen „Topal" an, um noch einige Passagiere mitzunehmen. Während der Fahrt zog eine der Frauen, die ein Baby in ihrem Tragetuch hatte, ein Tütchen mit Schildkröteneiern aus ihrem Gepäck und schenkte sie mir. Zum Abendessen gab es dann zum ersten Mal Schildkröteneier. Die Schale des Eies ist nach dem Kochen noch weich. Das Innere hat eine Konsistenz wie Brei und man saugt es einfach aus. Ist essbar.

Ein Jahr später nahm dieselbe Frau, zusammen mit ihrer Familie, wieder am Bibelkurs teil. Dort hatte ich die Gelegenheit mich für die Schildkröteneier zu revanchieren, denn sie und ihre Tochter waren ziemlich krank. So versorgte ich sie beide mit Medizin. Diese Art von Tausch ist ja etwas ganz Typisches in den Indianerkulturen. Man tut jemanden einen Gefallen, und wenn die Gelegenheit dazu kommt, dann revanchiert sich der andere dafür.

Wenn ich bei den Indianern die Bibel unterrichte, dann versuche ich möglichst viele Illustrationen zu verwenden, u.a. auch Fotos aus Israel. Zum ersten Bibelkurs bei den Quechua nahm ich meine Fotosammlung mit und zeigte diese den Kursteilnehmern, jeweils in kleineren Gruppen von 5 – 7 Personen. Sie schauten sich die Fotos ganz genau an und staunten natürlich, denn die meisten von ihnen sind ja nie aus dem Urwald heraus gekommen. Wie erklärt man einem Urwald-Indianer, was Wüste ist? Während der Trockenzeit kennen sie zwar große Sandbänke, die sich an den Flüssen bilden, aber es hat trotzdem immer genug Wasser und bleibt immer grün ... So staunten sie über Fotos der Neguev-Wüste. Einer fragte mich ganz erstaunt beim Betrachten eines Fotos: „Sind das Steine?" – Nun, in der Gegend des Pastaza-Flusses, wo die Quechua wohnen, kann man graben wie man will, man findet dort viel Sand und Erde, aber keinen einzigen Stein! Schleifsteine zum Schärfen ihrer Macheten müssen „importiert" werden. So ist vieles, was uns bekannt und geläufig ist, den Indianern unbekannt – und umgekehrt!

Während meines Aufenthaltes bei den Quechua gab es viele Gelegenheiten mit Einzelnen ins Gespräch zu kommen. So z.B. mit Carlos aus Alianza Cristiana, der zum damaligen Zeitpunkt noch vier Kinder hatte; eines war bereits gestorben. Sein jüngstes Kind, ein Mädchen, war zwar schon mehrere Monate alt, hatte aber immer noch keinen Namen. Ich fragte ihn nach dem Grund, denn in manchen Stämmen erhalten die Kinder erst einen Namen, wenn die Chance besteht, dass sie auch überleben werden. Er erklärte mir, dass sie ihren Kindern normalerweise sofort einen Namen geben, er für seine Tochter aber noch keinen gefunden hätte, der ihm gefallen würde. Ich machte ihm zwar ein paar Vorschläge, aber er konnte sich halt nicht so schnell entscheiden ...

Carlos hatte seinen Militärdienst am Marañon-Fluss absolviert, in einer gemischten Einheit, zusammen mit Indianern aus anderen Stämmen. Später arbeitete er für eine Weile in einem Touristen-Dorf in der Nähe von Iquitos. Mich interessierte natürlich, wie seine Vorfahren gelebt hatten, und er erzählte so einiges darüber. Die Vorfahren der Quechua führten Stammes-kriege mit den Achuar, Shapra und Candoshi. Die Candoshi nennen sie übrigens auch „Mulatos". Aus Angst vor Morden und kriegerischen Auseinandersetzungen lebten die Quechua früher nicht in Dörfern an den Flussufern, sondern weiter verstreut und versteckt im Urwald. Zum Jagen benutzten sie früher sowohl Pfeil und Bogen, als auch das Blasrohr. Heute benutzen sie dafür nur noch das Blasrohr, oder natürlich auch die Schrotflinte. Das Pfeilgift stellen sie allerdings nicht mehr selbst her, sondern kaufen es beim Händler (es gibt Fabriken, die es herstellen). Ähnlich wie in den Nachbarstämmen trugen die Männer früher als Tracht einen Wickelrock, zusammen mit einer Art Hemd. Man schmückte sich mit einer Federnkrone aus Tukan-Federn, Armbändern, Ohrringen und Halsketten (an denen manchmal auch Vögel oder Tierköpfe hingen). Die Häuptlinge trugen dazu noch Bänder oder Ketten, die sich über der Brust kreuzten. Dazu wurde das Gesicht mit der roten Farbe der Achiote-Frucht geschminkt. Heute schminken sich die Quechua-Männer nur noch bei besonderen Darbietungen. Ihre traditionellen Musikinstrumente sind die Trommel und die Flöte. Carlos erzählte, dass sein Vater noch jeden Abend auf der Flöte spielt.

Bei meiner ersten Reise lernte ich auch Gerardo kennen. Er ist der Pastor in seinem Dorf Capahuari. Später wurde er dann auch zum Präsidenten des Quechua-Kirchenverbandes gewählt. Zusammen mit seiner Frau Ana kümmerte er sich rührend darum, dass unser Aufenthalt in seinem Dorf so angenehm wie nur möglich für uns war. Und des öfteren saßen wir auch zu einem Masato und einem Gespräch über „Gott und die Welt" zusammen. Ich erinnere mich, wie er mich bei einer Gelegenheit, in einem anderen Dorf, zu einem „frischen" Masato einlud. Mit frisch meinte er, dass die Masato-Masse noch nicht sehr vergoren war, und kaum Alkohol enthielt. Als wir beide unsere Trinkschalen mit dem Masato in den Händen hielten und daran nippten, merkten wir, dass er alles andere als frisch war. Nach meinem Empfinden war er schon im höchsten Grad vergoren – vergleichbar mit Schnaps. Gerardo war das sichtlich peinlich und er sagte etwas in Quechua zu der Frau, die den Masato ausgeschenkt hatte. Ich verstand zwar nicht, was er sagte, aber die Frau nahm meine Trinkschale schleunigst wieder mit ...

In den letzten Jahren kümmerte sich Gerardo mit großem Einsatz darum, die Bibelkurse zu organisieren und die Leute dafür zusammen zu bringen. Als Leiter der Quechua-Kirchen hat er leider oft wenig Unterstützung und die zu bewältigenden

Herausforderungen sind groß. Außerdem mussten Gerardo und Ana den Verlust mehrerer Kinder hinnehmen, die meist schon im Baby- oder Kleinkindalter starben. Trotz all dieser Widrigkeiten und dem damit verbundenen Frust entschied sich Gerardo immer wieder dazu, weiter zu machen. Ich bewundere ihn für seine Beständigkeit. Mancher von uns hätte an seiner Stelle schon längst aufge-geben.

Gerardo beim Bibelkurs in Soplín

Im November 2000, gegen Ende des Bibelkurses im Dorf „Soplín", erkrankte Gerardo an Malaria. Da er aus einem anderen Dorf stammte, weigerte sich der zuständige Gesundheits-helfer zunächst, ihm die nötige Medizin zu geben. Das Gesundheitswesen im Urwald ist so organisiert, dass es normalerweise in jedem Dorf einen „ausgebildeten" Gesundheitshelfer geben sollte, der sich um die wichtigsten, anfallenden Erkrankungen kümmert. Nur in ein paar wenigen Dörfern gibt es einen größeren Gesundheitsposten mit einem Arzt. Es gibt ein staatliches Programm, nach dem jeder bei bestimmten Krankheiten Anspruch auf eine kostenlose Behandlung und Medikamente hat, u.a. auch bei Malaria. Erst nachdem ich Gerardo mehrmals ermutigt hatte, auf sein Recht auf Behandlung zu bestehen, erhielt er die notwendigen Medi-kamente. Da er aufgrund des starken Fiebers sehr schwitzen musste und er dabei manchmal einem kräftigen Luftzug ausgesetzt war, gesellte sich zur Malaria auch noch eine sehr starke Bronchitis. An dem Tag, als wir abreisten, ging es ihm daher sehr schlecht und ich machte mir ernstlich Sorgen um ihn. Gott sei Dank hatte ich gerade noch genügend Antibiotika übrig, die für eine Anfangsbehandlung ausreichten. So über-stand er die fast zweitägige Bootsfahrt in sein Dorf und sein Bruder brachte ihn anschließend zum Arzt nach Andoas Nuevo. Ich war sehr froh, als dann eines Tages per Funk die

Nachricht kam, dass Gerardo wieder gesund war. Und noch mehr freute ich mich, ihn im folgenden Jahr wieder zu sehen.
Mit Virgilio entwickelte sich im Laufe der Zeit ebenfalls eine enge Freundschaft. Er ist Pastor in seinem Dorf Sabaloyacu und daneben auch zuständig für die Stammesbibelschule der Quechua-Kirche, die im Jahr 2002 gegründet wurde. Auch ihn lernte ich während des ersten Bibelkurses in Capahuari kennen. Er war damals etwas frustriert, weil er an der Bibelschule in Cashibo zwar den Vorkurs absolvieren konnte, in den folgenden Jahren dann aber immer eine Absage mangels Studienplätzen erhielt, und so von einem Jahr aufs andere vertröstet wurde. Ich war dankbar für seinen Hinweis und beim folgenden Bibelkurs in Cashibo konnte er dann endlich sein Studium fortsetzen. Beim Bibelkurs in Soplín half er mir als Übersetzer im Unterricht. Bereits schon zu Beginn des Kurses erkrankte seine damals 8 Monate alte Tochter schwer an einem Brechdurchfall. Da ich keine dafür geeignete Medizin dabei hatte, riet ich ihm dringend nach Loboyacu zu fahren, denn in diesem Dorf gab es einen Arzt. Er versuchte es jedoch zuerst in seinem eigenen Dorf, doch auch dort gab es die erforderliche Medizin nicht. Er kam dann wieder zurück nach Soplín und zwischendurch ging es seinem Töchterchen wieder etwas besser. Doch irgendwas schien mit der Verdauung nicht richtig zu stimmen. Am letzten Tag, nach der Abschlussfeier des Bibelkurses, kam Virgilio um sich zu verabschieden und Grüße für die Quechua-Bibelübersetzerin mitzugeben. Dann, plötzlich brach es aus ihm heraus. Er begann zu weinen und sagte: „Meine Tochter wird sterben, sie isst und trinkt nicht mehr ..." Wir beteten noch miteinander und dann fuhr er nach Hause. Ein paar Wochen später erhielt ich einen Brief von ihm, in dem er mir mitteilte, dass sein Töchterchen gestorben ist. Sie wäre heute genau so alt, wie mein Sohn Elias ...
Seit diesem Erlebnis ist Virgilio traumatisiert und er reagiert sehr schnell mit Panik, wenn eines seiner Kinder erkrankt. Nach seiner Ausbildung an der Bibelschule machte er noch eine Schreinerlehre. Zu dieser Zeit hatten er und seine Frau Marta einen kleinen Sohn, der ebenfalls an Durchfall erkrankte. Obwohl wir in Cashibo ja eine Krankenstation haben und sein

Sohn dort alles Notwendige erhielt, verlor er plötzlich alle Hoffnung und meinte, das Kind würde sterben. Das Erlebnis mit seinem Töchterchen stand plötzlich wieder vor ihm und weckte Angst. Doch Gott sei Dank wurde sein Sohn wieder gesund – und mindestens genauso groß, wie vorher die Angst war, war nachher die Freude und Erleichterung darüber.

Einmal erzählte Virgilio, wie er zusammen mit seiner Frau und zwei Kindern auf dem Fluss unterwegs war, und dabei das Kanu kenterte. Sie verloren alles, was sie dabei hatten und konnten nur mit Mühe und Not ihre Kinder vor dem Ertrinken retten. Trotz all der Schwierigkeiten, die er schon durchlitten hat, gehört auch Virgilio zu denjenigen, die weiter machen und auch beständig im Glauben bleiben. Das ist alles andere als leicht, vor allem, wenn seine Landsleute die Schwierigkeiten in Virgilios Leben auf animistische Art und Weise interpretieren und ihm sagen, dass alles nur passiert wäre, weil jemand Zauberei gegen ihn betreiben würde.

Während meines Aufenthaltes bei den Quechua machte ich natürlich auch viele Beobachtungen. Manches war sehr beeindruckend, wie z.B. die großen Anstrengungen, die einige auf sich nahmen, nur um zum Bibelkurs kommen zu können. Einige bauten sich – mangels Mitfahrgelegenheit – ein Floß und ließen sich darauf fast zwei Tage flussabwärts zum Veranstaltungsort treiben. Andere nahmen eine beschwerliche und mehrtägige Reise vom Nucuray-Fluss zum Pastaza-Fluss auf sich. Über viele Nebenflüsschen ruderten sie ihr Kanu aufwärts, bis sie in die Nähe des Pastaza kamen. Am Schluss mussten sie das Kanu noch eine halbe Stunde durch den Urwald ziehen, um dann die letzte Etappe ihrer Reise auf dem Pastaza fortsetzen zu können. Beeindruckt war ich auch von Augusto, dem Dorfchef von Soplín. Zu einer akuten Hepatitis-Erkrankung kam auch noch eine Grippe, und eigentlich wäre es das Vernünftigste gewesen, sich richtig auszuruhen. Aber er hatte einen so starken Wunsch, mehr von der Bibel zu erfahren, dass er fast immer am Unterricht teilnahm. Und jedes Mal, wenn er wirklich nicht dabei sein konnte, nahm er sich Zeit, die Notizen, die ein anderer während des Unterrichts gemacht hatte, sorgfältig abzuschreiben.

Was mich bei den Quechua allerdings fast den letzten Nerv gekostet hätte, war ihr Umgang mit Medikamenten. Man sollte daher eigentlich eher von Medikamentenmissbrauch reden. Dazu muss man wissen, dass man in vielen Gegenden von Peru kein Rezept braucht, um Medikamente kaufen zu können. Man geht einfach in die Apotheke und besorgt sich, was man möchte; falls nötig, auch die stärksten Mittel ... Und natürlich gehören Medikamente, von Aspirin bis zu Antibiotika auch zum Sortiment der Händler, die mit ihren Booten von Dorf zu Dorf fahren, um ihre Geschäfte zu machen. Und so decken sich die Indianer eben auch mit Medizin ein, je nachdem, was man gerade so brauchen könnte, und wie viel Geld man im Moment dafür zur Verfügung hat. Da werden dann mal so eine, zwei, fünf oder sieben Tabletten Amoxicillin oder Bactrim gekauft, und je nach Bedarf eingesetzt. Nur nebenbei möchte ich noch erwähnen, dass schätzungsweise 30% der in Peru ange-botenen Medikamente „bamba" sind, d.h. Fälschungen, die in irgendwelchen dubiosen Laboratorien hergestellt wurden.

Der Medikamentenmissbrauch unter den Quechua fiel mir vor allem während meiner zweiten Reise in Soplín, auf. Es gab damals eine richtige Grippewelle, aber auch mehrere Durchfall-Erkrankungen und natürlich auch Malaria. Ich beobachtete, wie mit den Medikamenten Missbrauch betrieben wurde. Dass Kindern eine Überdosis Aspirin verabreicht wurde, war dabei noch das Harmloseste. Am schlimmsten war der Umgang mit Antibiotika, die nach Lust und Laune, oft unnötig, und v.a. unvollständig eingesetzt wurde. Also die beste Möglichkeit, resistente Erreger zu erzeugen. So sah ich mich dann doch gezwungen, die Thematik anzusprechen und mit einigen Per-sonen ernste Gespräche zu führen. Auch im Unterricht ver-suchte ich, die Leute über den richtigen Gebrauch von Antibiotika aufzuklären. Auf den Gesichtern lag aber meist so eine Art Fragezeichen, nach dem Motto: „Warum macht sich der Gringo denn solche Sorgen um uns ...?" So beschloss ich, das Thema beim nächsten Bibelkurs noch intensiver anzu-gehen. Gedacht, getan. Im folgenden Jahr, in Bolognesi, unter-richtete ich dann einen ganzen Kurs über allgemeine Erkrankungen, ihre Prävention, und den richtigen Gebrauch von Medikamenten. Es war eine harte Nuss, die ich mir vorgenommen hatte. Theologie war leichter zu unterrichten und offensichtlich auch leichter zu verstehen. – Den Höhepunkt bildete ein Erlebnis mit zwei Personen, die ich bereits schon das Jahr zuvor, in Soplín, „brüderlich ermahnen" musste, denn Person X war erkrankt und Person Y verabreichte ihr – unnötigerweise – eine unvollständige Antibiotika-Behandlung. Nun, ein Jahr später, war Person X wieder erkrankt, und Person Y verabreichte ihr – diesmal allerdings zu recht – eine Behandlung mit Antibiotika. Jedoch war diese wieder unvollständig, weil Person Y einfach nicht genügend Tabletten hatte. Das wäre ja noch zu verkraften gewesen, wenn ich nicht ein paar Tage zuvor im Kurs darüber gesprochen hätte. Beide waren im Unterricht anwesend, Person X als Zuhörer, Person Y sogar als Übersetzer ...

Während der Zeit in Bolognesi hatte ich noch ein anderes Erlebnis, das einiges über den Umgang der Quechua mit dem Thema Krankheit aussagt. Aus dem Nachbardorf Alianza Cristiana war ein Mann gekommen, der Hilfe für seine bereits über zwei Jahre kranke Tochter suchte. Das Mädchen war inzwischen 18 Jahre alt. Wir nutzten das Wochenende, um in

sein Dorf zu fahren und die Kranke zu sehen. Es stellte sich heraus, dass sie an Syphilis im bereits fortgeschrittenen Stadium litt. Aus Scham hatte sie versucht, die Sache natürlich so lange wie möglich vor ihren Eltern geheim zu halten. Bei einem Arztbesuch kam

Bootsfahrt nach Alianza Cristiana – Gerardo 2. von links natürlich alles heraus und auch das Leugnen hatte keinen Zweck. Ihre Erkrankung wurde dann zweimal von Ärzten behandelt, jedoch ohne Erfolg.

Da sie m.o.w. permanent Fieber hatte, gaben ihr die Eltern gelegentlich eine Antibiotika-Tablette, wenn sie eben gerade eine zur Hand hatten...

Das Mädchen war inzwischen schon erheblich abgemagert und sie zeigte bereits erste Anzeichen der Erblindung. Es war eine harte Situation, denn ehrlich gesagt gab es kaum noch Hoffnung auf Heilung. Und wirklich, wenige Wochen später verstarb sie.

Lehrreich war für mich das Verhalten ihres Vaters. Mir gegenüber machte er auf „fromm". Vom Pastor des Dorfes erfuhr ich jedoch, dass er nicht zur Kirche ging. Da viele Indianer in solchen Krisensituationen einen Schamanen aufsuchen, wollte ich natürlich wissen, ob er schon dort gewesen sei. Er verneinte. Wenige Tage später erfuhr ich per „Zufall", dass er den Schamanen in Loboyacu aufgesucht hatte. Der Pastor der Gemeinde in Loboyacu, der ebenfalls am Bibelkurs teilnahm, bestätigte dies und konnte mir noch mehr dazu erzählen. Denn da die Behandlung des Schamanen nicht geholfen hatte, kam die Familie der Kranken zum Pastor und bat um Gebet. Als dies aber auch nicht half, gingen sie eine Woche später wieder zum Schamanen... Einmal mehr wurde mir dadurch die pragmatische Art der animistischen Denkweise deutlich: die Leute probieren alles aus, was irgendwie helfen oder funktionieren könnte, egal, was von dem vermeintlichen Heilmittel zu halten ist.

Eine andere Art von Beobachtung, die ich bei den Quechua machte, hatte mit dem Einfluss der Lehrer und der Schule zu tun. In Zusammenarbeit mit dem peruanischen Staat betrieb das „Sommerinstitut für Linguistik" die Erforschung der Indianersprachen und den Aufbau eines zweisprachigen Schulsystems. Dazu wurden – aus den verschiedenen Stämmen – Indianer als Lehrer ausgebildet. Die Idee war, dass Indianerkinder eine Schulbildung erhalten. Zunächst in ihrer eigenen Stammessprache, aber auch in Spanisch. Leider lehnten die Quechua die Lehrer, die aus ihrer Volksgruppe ausgebildet wurden, ab. Ihre Begründung war: „Ihr seid welche von uns, was wollt ihr uns schon beibringen..." So kam es, dass fast alle Lehrer, die an den Schulen in den Quechua-Dörfern unterrichten, Mestizen sind. Das bedeutet nicht nur, dass die Quechua-Kinder, die in der Regel fast nur ihre eigene Sprache sprechen, sich von null auf hundert auf einen Unterricht in Spanisch einstellen müssen. Das bedeutet zusätzlich, dass sie nicht gerade den besten Pädagogen ausgesetzt sind, sowohl fachlich, wie auch menschlich. Denn eigentlich will kaum ein Mestize Lehrer in einem Indianerdorf werden. Diejenigen, die dort landen, wurden entweder strafversetzt, oder sie fanden einfach keinen anderen Job. Aufgrund ihrer Stellung werden diese Lehrer zwar als Autoritäten akzeptiert. Doch ihr Einfluss und ihr Vorbild ist – von wenigen Ausnahmen abgesehen – alles andere als positiv. Geschwängerte Schülerinnen und Saufgelage sind dabei eher die Regel als die Ausnahme. Bei meiner ersten Reise, in Capahuari, wurde ich Zeuge einer sogenannten „Schulabschlussfeier", die erst morgens um sechs Uhr mit stockbetrunkenen Lehrern und Schülern endete...

Zum Abschluss dieses Kapitels noch eine Beobachtung zum Thema Kindererziehung. Eines Morgens beobachtete ich, wie ein etwa vier- bis fünfjähriger Knirps von seiner Mutter – mit dem Stock in der Hand – verfolgt wurde. Sie musste ganz schön rennen, holte ihn am Schluss aber doch ein. Als sie ihn erwischt hatte, nahm sie ihn an den Haaren und schlug ihm mit dem Stock auf die Beine. Danach führte sie ihn – in souveräner und stolzer Haltung – nach Hause ab. Ich war froh, dass ich nicht an seiner Stelle war...

7. Die Caquinte

Die Caquinte gehören zu den kleinen Volksgruppen im peruanischen Amazonastiefland. Derzeit zählt der Stamm etwa 400 Personen. Sie weisen zwar viele Ähnlichkeiten mit den anderen Gruppen der Arawak-Sprachfamilie auf, sprechen aber trotzdem eine eigenständige Sprache und haben ihre eigene Kultur. Ihr ursprüngliches Territorium liegt am Poyeni-Fluss, der in den Tambo-Fluss einmündet. Ein Teil der Gruppe wohnt aber am Ayeni-Fluss, der dann später in den Urubamba-Fluss mündet.

Josué und seine Frau Sonja, sowie Jeremías und dessen erste Frau Alcira waren die ersten Caquinte-Indianer, die ich kennen lernte. Sie kamen erstmals 1999 nach Cashibo, um ihre Ausbildung an der Bibelschule zu beginnen. Sie gehörten damals zu meinen ersten Schülern, denn ich begann zu selben Zeit meinen Dienst als Lehrer. Da Josué und Jeremías noch ziemliche Schwierigkeiten mit der spanischen Sprache hatten besuchten sie zunächst den Vorkurs, um ihr Spanisch zu verbessern und so eine Grundlage für das Studium zu erhalten. Von Anfang an beeindruckte mich der Ehrgeiz der beiden und wie sie einander halfen, das Studium zu bewältigen. Während Josué recht gute Fortschritte in Spanisch machte blieb Jeremías in seiner aktiven Ausdrucksfähigkeit zurück, obwohl er das meiste verstand. Ehrlich gesagt hatte ich große Zweifel, ob Jeremías den Kurs schaffen würde. Doch ich hatte mich gründlich in ihm getäuscht, denn er schrieb meist gute Noten. Ich erinnere mich noch an sein letztes Examen in dem Kurs, den ich unterrichtete. Er schrieb eine 17 und war damit einer der Besten. Die 20 ist im peruanischen Benotungssystem die beste Note. – Er war jedoch nicht ganz zufrieden mit seinem Ergebnis und erklärte mir, dass er sich nicht vorbereiten konnte, weil er dachte, das Examen würde ein paar Tage später stattfinden...

Da wir als Mission kaum etwas über die Caquinte-Indianer wussten, hatte Betty, eine Missionarskollegin, die Idee, man könnte doch eine Besuchsreise zu ihnen durchführen, um sie und ihre Situation kennen zu lernen. Ich wurde mit dieser Reise beauftragt. Zur damaligen Zeit verfügte noch keines der Caquinte-Dörfer über ein Funkgerät und da die Caquinte sehr abgelegen wohnen, war die Kommunikation mit ihnen schwierig bis unmöglich. Der Bibelkurs in Cashibo war bereits zu Ende gegangen, und die beiden Familien warteten darauf, dass der Rückflug in ihr Dorf stattfinden würde. Da Alcira jedoch kurz vor dem geplanten Flugtermin ein Kind gebar, wurde dieser verschoben. Ich nutzte die Zeit, um mit Josué und Jeremías über eine Besuchsreise in ihr Dorf Tsoroja zu sprechen und diese zu planen. Es war Anfang August, doch die Reise konnte erst im Januar 2000 stattfinden. Mit dem Missionsflugdienst vereinbarten wir den 4. Januar als Termin für den Hinflug, natürlich wie immer unter dem Vorbehalt, dass gutes Flugwetter herrschte. Ein paar Tage später kehrten Jeremías und Josué in ihr Dorf zurück. Für die nächsten fünf Monate gab es keine Möglichkeiten mehr, mit ihnen in Kontakt zu kommen um sich zu vergewissern, dass mit unserem Besuch alles klar gehen würde. Ich hoffte und betete, dass alles klappt, und dass das Dorf mit unserem Besuch einverstanden wäre.

Der Termin für die Reise rückte immer näher und wir bildeten ein Einsatzteam, das aus Sabine, einer der Krankenschwestern der Missionsstation, und Regina, die damals in der Buchhaltung arbeitete, bestand. Sabine übernahm die Behandlung der Kranken und den Hygieneunterricht mit den Frauen. Regina kümmerte sich um die Arbeit mit den Kindern.

Der 4. Januar kam und es war tatsächlich optimales Flugwetter. Langsam näherten wir uns Tsoroja und ich wurde immer begeisterter von der Landschaft, denn das Gebiet der Caquinte ist

schon etwas höher gelegen als der übrige Urwald. Gleich hinter dem Dorf beginnen die Berge, die letzten Ausläufer der Anden. – Erinnerungen an meine Heimat, den Schwarzwald, stiegen in mir auf. Der Pilot flog eine Schleife über das Dorf, um die Landung vorzubereiten. Wir erhielten einen ersten Eindruck von Tsoroja. Die Häuser waren um die Landebahn herum errichtet worden. Ein Gebirgsfluss, der Poyeni, floss nah am Dorf vorbei. Nun wurde es spannend. War alles vorbereitet? Wurden wir erwartet? Waren wir willkommen? – Das Flugzeug landete auf der Graspiste. Nachdem es zum Stehen gekommen war näherten sich die ersten Caquinte, darunter auch Josué und Jeremías. – Wir wurden erwartet. Sie waren gerade dabei, mit ihren Buschmessern die Landebahn zu mähen. Sie hatten allerdings gedacht, dass wir einen Tag später kommen würden ...

Nach der Begrüßung und dem Ausladen des Gepäcks brachten sie uns in das geplante Quartier. Eine kleine Rund-hütte – echt mini – die sie extra für uns gebaut hatten. Zum Glück hatten wir ein Empfehlungsschreiben des Linguisten dabei, der die Sprache der Caquinte erforschte. Darin erlaubte er uns auch, sein Haus zu benutzen. So zogen wir in ein größeres Haus mit mehreren Zimmern um, das uns genügend Platz bot und auch eine Plattform hatte, auf der wir uns gemütlich mit den Leuten hinsetzen und ins Gespräch kommen konnten. Regina hielt dort auch ihre Kinderstunden.

Später führte uns Jeremías durch das Dorf. Es war wie eine Art Park angelegt, mit vielen verschiedenen Obstbäumen, Kaffee-sträuchern, etc. Mir fiel auf, dass die Häuser der Caquinte – im Vergleich zu denen, die ich bei den Candoshi, Shipibo und Quechua gesehen hatte – sehr klein waren. Der Grund dafür ist, dass es dort relativ wenige Palmen gibt, deren Blätter zum Decken des Daches geeignet sind. Da kleinere Häuser weniger Blätter für das Dach brauchen, helfen sie sich eben auf diese Weise. Dafür sind die Häuser oft sehr hoch, d.h. der obere, geschlossene Bereich dient als Schlafzimmer, der überdachte Platz darunter als Esszimmer bzw. Aufenthaltsraum.

Nachdem wir das Dorf etwas kennen gelernt und erste Kontakte zu den Einwohnern geknüpft hatten, begannen wir am folgenden Tag mit unserem Programm. Sabine hatte jeden Morgen Sprechstunden im sogenannten „Gesundheitsposten", einer kleinen Hütte, in der zumindest eine Waage stand, es aber so gut wie keine Medizin gab. Sie arbeitete mit Jeconías zusammen. Er ist der Bruder von Jeremías und war damals der zuständige Gesundheitshelfer des Dorfes. Jeconías war einer der wenigen, die etwas Spanisch konnten, und so half er gleichzeitig als Übersetzer. Er hatte zwar einen der üblichen Kurse für die Gesundheitshelfer in den Indianerdörfern erhalten, aber trotzdem wenig Ahnung von der Materie. Tag für Tag lernte er von Sabine die wichtigsten Dinge über die Behandlung und vor allem auch über die Vorbeugung der akuten Erkrankungen. Besonders verbreitet waren Darmparasiten, Augenentzündungen bei Kindern und Erkältungskrankheiten.

Regina hielt jeden Nachmittag Kinderstunden, in denen sie eine biblische Geschichte erzählte, mit den Kindern spielte, sang und bastelte. Vor allem neue Lieder lernten die Kinder unheimlich gerne. Ich hatte verschiedene Themen zum Leben als Christ vorbereitet und jeden Nachmittag Gelegenheit, vor etwa 30 sehr interessierten Zuhörern darüber zu sprechen. Dabei wurde ich in der Regel von Josué übersetzt, da die meisten Caquinte kaum oder kein Spanisch verstehen. Öfters stellten die Zuhörer sehr gute Fragen, z.B. ob Eva keine Angst vor der Schlange gehabt hätte. Für die Indianer sind Schlangen eine fast tagtägliche Bedrohung mit der sie rechnen müssen. Anhand dieser Frage konnte ich die Veränderungen, die der Sündenfall in diese Welt gebracht hat, noch viel deutlicher und verständlicher darstellen.

Schon nach wenigen Tagen baten die Ersten um seelsorgerliche Gespräche. Das überraschte mich sehr, denn normalerweise brauchen Indianer eine gewisse Zeit um zu sehen, ob sie jemandem wirklich vertrauen können. Was mir in diesen Gesprächen anvertraut wurde, stand in krassem Kontrast zu der scheinbaren Idylle des Dorfes. Tsoroja wäre wirklich einer der Orte gewesen, an denen man einen dieser typischen Filme über „edle Wilde" drehen könnte, die mit sich und ihrer Umwelt in Harmonie leben. – Zumindest rein äußerlich erweckte das Dorf diesen Anschein. Doch die tiefen inneren Nöte, die mir viele Caquinte-Indianer offenbarten, überzeugten mich einmal mehr davon, dass diese scheinbare Harmonie eine Illusion ist.

Während unseres Aufenthaltes in Tsoroja lernte ich auch Ugarte kennen. Er ist der Vater von Alcira und somit Jeremías Schwiegervater. Er war zwei Tage zu Fuß durch den Urwald unterwegs, um von Tainii, einem der Caquinte-Dörfer am Ayeni-Fluss, nach Tsoroja zu gelangen. Er äußerte sein Interesse daran, ebenfalls an der Bibelschule in Cashibo zu studieren. Da er schon älter war, hatte ich Zweifel, ob man ihn als Student akzeptieren würde. Wir kamen ins Gespräch und ich merkte, dass er relativ gut Spanisch verstand. Seine Frau Lastenia ist Machiguenga-Indianerin. Ugarte erzählte, dass er als Kind zusammen mit den Machiguenga die Schule besuchte. Sein genaues Alter kennt er nicht, es wurde damals von den Lehrern so ungefähr geschätzt und ein „Geburtsdatum" für seine Papiere festgelegt. Als junger Mann begann er ein Studium am Lehrerseminar für zweisprachige indianische Lehrer in Yarina (bei Pucallpa), das er allerdings nicht beendete. Ich nahm seine Daten für eine Bewerbung an der Bibelschule auf und er wurde später tatsächlich angenommen. Es stellte sich heraus, dass er das Studium trotz seines Alters relativ gut bewältigte.

Während meines Aufenthaltes in Tsoroja hatte ich verschiedene Gespräche mit Ugarte. Mir war aufgefallen, dass Träume für die Caquinte eine wichtige Rolle spielen. Dinge, die sie im Traum tun, sind für sie so real, als ob sie es wirklich getan hätten. Ich sprach Ugarte auf dieses Thema an und fragte ihn nach den Träumen seiner Vorfahren. Er erzählte mir, dass diese oft von verschiedenen Tieren geträumt hatten. Vom Jaguar zu träumen bedeutete, dass man am nächsten Tag eine Begegnung mit einem sehr mutigen Mann haben würde, gegebenenfalls sogar einen Kampf. Von der Boa zu träumen hieß, dass ein Mestize kommen würde, um Menschen in die Sklaverei zu führen. Zu diesem Thema sagte er, dass früher die Händler den Machiguenga-Indianern oft schlechte Gewehre verkauften. Diese bezahlten ihre Schulden damit, indem sie einen Caquinte fingen und als Sklavenarbeiter an den Händler ablieferten. Daher hatten die Caquinte früher auch kriegerische Auseinandersetzungen mit den Nachbarstämmen, den Machiguenga- und den Ashaninka-Indianern, aber auch mit den Mestizen.

Von Ugarte lernte ich bei späteren Besuchen noch mehr über die traditionelle Weltanschauung der Caquinte. Er erzählte mir unter anderem von der Entstehung der Sonne und des Mondes. Das Caquintewort für Mond ist Tai. Tai war ein Mann, der früher auf der Erde lebte. Damals gab es noch keine Sonne. Er lebte mit seiner Frau auf der Erde. Sie wurde von ihm schwanger und gebar einen Sohn, den sie Catsirincaiteri (Sonne) nannten. Catsirincaiteri machte sich eine Federnkrone und entzündete diese. Mit einem Vogel stieg er zum Himmel hinauf. Die Sonnenstrahlen, die man sieht, stammen von seiner brennenden Federnkrone. Später stieg dann auch Tai in den Himmel auf, wo er jetzt zusammen mit seiner Familie lebt. Ugarte wusste – im Gegensatz zu den jüngeren Caquinte – noch viel von der traditionellen Weltanschauung seiner Vorfahren. Daher nutzte ich die Gelegenheit um so viel wie möglich von ihm darüber zu erfahren.

Unser Aufenthalt in Tsoroja war insgesamt sehr schön und sehr interessant. Vieles war dort allerdings anders, als bei den Stämmen, die ich vorher besucht hatte. Wie schon erwähnt ist der Poyeni ein Gebirgsfluss, ähnlich, wie wir es von den Alpen her kennen. Man kann zwar auf dem Floß oder im Kanu hinunterfahren, aber hinauf muss man laufen und das Kanu ziehen. Dadurch leben die Caquinte sehr abgelegen von dem sonst üblichen Verkehr, der auf den Flüssen herrscht. Das bedeutet auch, dass normalerweise kein Fremder ins Dorf kommt, auch kein Händler. Um ihre Produkte (Kaffee, Erdnüsse, Kakao und Mais) in der Stadt verkaufen zu können, müssen sie eine dreitägige Reise unternehmen. Diese Abgelegenheit prägt die Caquinte und ihren Lebensstil sehr. Viele tragen noch ihr traditionelles Gewand, das Kushma. Gejagt wird meist immer noch mit Pfeil und Bogen, denn dies ist viel billiger als Patronen für das Gewehr. Während die

Indianer sonst Meister im Kanufahren sind, sind die Caquinte sehr gut zu Fuß. Barfuß liefen sie so flott über Stock und Stein, so dass ich fast nicht mitkommen konnte.

Gegen Ende unseres Aufenthaltes wurden wir eingeladen wieder zu kommen. So entstand eine immer stärkere Beziehung zu den Caquinte. Aus einer ersten Reise nach Tsoroja wurden fünf. Im Jahr 2005 hatte ich dann endlich eine Gelegenheit, auch das Dorf Quitepampani kennen zu lernen. Quitepampani liegt am Ayeni-Fluss und war das erste Caquintedorf, das ungefähr im Jahr 1975, gegründet wurde. Während meinen Reisen zu den Caquinte hatte ich unterschiedliche Begleiter. Die zweite Reise unternahmen wir als Familie, d.h. meine Frau Martha und unsere drei Kinder waren mit dabei. Elias, unser Jüngster, war damals erst zehn Monate alt. Martha beschrieb in unserem Freundesbrief ihre Eindrücke von der damaligen Reise wie folgt:

„Wir blicken auf sehr intensive, anstrengende, lehrreiche und

interessante 14 Tage zurück. Da es für mich und die Kinder der erste Stammeseinsatz war, war manches natürlich besonders eindrücklich. Bei der Hinreise hatten wir sehr gutes Wetter, und ich genoss den 1¾-stündigen Flug sehr. Unter uns die sich in unzähligen Schleifen dahinziehenden Urwaldflüsse, an denen sich der Pilot orientierte, Seen und Nebenarme, und Urwald, Urwald so weit das Auge reicht. Anzeichen menschlicher Besiedlung werden immer spärlicher, jetzt geht's also wirklich in den Dschungel... Rechts tauchen Bergzüge auf, das Gebiet der Caquinte liegt in den letzten Ausläufern der mächtigen Anden um Cuzco. Wir sehen örtliche Regenschauer niedergehen, runde Regenbogen und dann kommt plötzlich die Landepiste von Tsoroja ins Blickfeld. Ein paar kleine Indianerhütten links und rechts des Grasstreifens, dort unten werden wir also für die nächsten zwei Wochen sein... Nach

einer kurzen Schleife setzt Craig, der Pilot, auch schon zum Landeanflug an. Links und rechts stehen die Dorfbewohner, abwartend, schweigend, auch ein bisschen neugierig. Vor dem Haus des Linguisten kommt die Cessna zum Stehen. Craig macht sich gleich ans Ausladen unserer vielen Kisten und Taschen. Jürgen begrüßt einige Leute, die er vom letzten Jahr her kennt. Das Gepäck wird zum Haus gebracht, die Piste geräumt: Craig startet gleich wieder. Ein eigenartiges Gefühl...

Doch dann konzentriere ich mich auf die Kinder und erkunde das Haus. Es steht auf Pfählen. Viele Ritzen und Spalten sorgen für Luft und Licht. In den Fenstern wurden sie einfach noch etwas breiter gemacht. Es gibt drei Räume mit Schlafstellen aus ebensolchen Brettern und einen Wohnraum mit Tisch und Bänken. Vor der Tür gibt es eine Plattform, ca. 8m² groß. Jürgen schlägt die Moskitonetze auf. Später machen wir einen ersten Rundgang durchs Dorf. Die Wege links und rechts der Piste sind kleine Alleen, es gibt viele Fruchtbäume. Hier und da werden wir begrüßt und eingeladen uns zu setzen, aufs Brennholz oder einen Balken oder auf einfach gezimmerte Bänke. Eine noch recht junge Frau stellt eine Schale mit frisch gekochter Yuca vor uns hin. Meine Kontakte bestehen aus Lächeln und 2 Worten, Ariotesa = Danke, und Hatahana = Tschüss. Die Begrüßungsformel „Savincaiguitetanaji" („Guten Morgen" bzw. „es ist wieder Tag") hab ich erst nach viel Üben gelernt. Bis ich es dann immer geschnallt hatte, war die Tageszeit schon fortgeschritten und man sagt wieder was anderes...

Die Hütten sind ziemlich klein, denn es gibt hier nur wenige Palmen, mit deren Blättern sie das Dach decken. Häufig stehen sie auf hohen Pfählen, so dass der Raum darunter auch genutzt werden kann. Die Küche besteht meist aus der Feuerstelle, einer kleinen Plattform und ein paar Körben, in denen alles Nötige aufbewahrt wird, z.B. ein Wildschwein-Unterkiefer oder ein Stück dornige Palmrinde, die als Reibe dienen. Tja, vieles ist schon sehr anders hier...

Wieder in unserem rustikalen Landhaus angekommen, holen uns ein paar Kinder frisches Wasser in Metalleimern. Es gibt mehrere Quellen in der Nähe des Dorfes, und wir sind sehr dankbar über das klare, saubere Wasser. Zum Fluss geht man ca. 10 Minuten, wo man baden und Wäsche waschen kann. Man gelangt über einen schmalen Fußpfad durch „richtigen" Dschungel dorthin. Der Poyeni ist ein Gebirgsfluss mit vielen Stromschnellen.

Vor unserem Landhaus wird flugs eine Feuerstelle eingerichtet. Zwei Frauen kümmern sich ums Kochen, da bin ich sehr dankbar, denn sonst hätte ich keine Zeit für Kinderstunden und Häkelunterricht gehabt. Schon wird es dunkel, und Jeremias steht erwartungsvoll vor der Tür, denn sie wollten gleich am ersten Abend ein Video sehen. Wir haben eine Video-Ausrüstung mitgebracht, einen Generator und Benzin für den Strom. Die allermeisten haben noch nie einen Film gesehen. Jürgen zeigt den Jesus-Film in der langen Ausführung, in der Sprache der Ashaninka, das ist ein benachbarter Stamm, und jedenfalls können die Leute mehr verstehen als in Spanisch. Zum Frühstück gibt es reife Kochbananen mit mitgebrachtem Granola (geröstete Haferflocken mit Nüssen etc). Schmeckt fein! Mein Geburtstagsessen besteht aus grünen Kochbananen mit Thunfisch aus der Dose, zum Nachtisch Zuckerrohr. Im Laufe des Tages bringen uns verschiedene Leute Bananen, Yuca und Früchte vorbei. Zum Abendessen gibt es Paujil, eine Art wilder Truthahn, gekocht in der Brühe. Ab da werden wir bestens versorgt, einige Tage hindurch gibt es reiche Jagdbeute. Jürgen hat anfangs einem der Verantwortlichen Schrotpatronen und Angelhaken übergeben. Dafür gehen verschiedene Männer für uns auf die Jagd. Die Caquinte jagen aber auch noch viel mit Pfeil und Bogen. Mit Munition gehen

sie sparsam um, da diese für sie teuer ist.

Am dritten Tag beginne ich vormittags mit dem Häkelunterricht. In der Regenzeit und bei kaltem Südwind kann es hier empfindlich kühl werden. Insbesondere die Babys leiden darunter. *Häufig sind sie nur sehr dürftig bekleidet und erkälten sich so schnell. Und wie rasch kann das zu einer Lungenentzündung und anderen schweren Infekten führen, die besonders diese Kleinen bedrohen. Daher war es mir ein Anliegen, dass die Frauen etwas für ihre Kinder häkeln lernen können. Ich hatte dafür 40 Wollstränge mitgebracht. Viel zu viel, dachte ich zuerst, aber im Nu waren es 37 (!) Frauen die sich auf unserer ca. 8m² großen Plattform erwartungsvoll niederließen. Der erste Vormittag verging mit Knäuel wickeln und lernen, wie man Luftmaschen häkelt. Wir hatten viel Spaß dabei, obwohl wir uns praktisch nicht verbal verständigen konnten. Zwei oder drei Frauen verstehen ganz wenig Spanisch, alle anderen praktisch nichts. Bei meinen Versuchen, wenigstens ein paar Wörter in Caquinte zu lernen, amüsieren sie sich immer köstlich. Nach diesem Vormittag kam ich mir wie eine Art Hebamme vor, die geholfen hatte, einige Luftmaschen zu gebären... Wie daraus ein Höschen werden sollte war mir ein Rätsel. Für viele war diese Art Handarbeit sehr ungewohnt. Leider können nur noch wenige spinnen und weben. In anderen Dingen jedoch sind die Indianerinnen sehr fingerfertig. Ruckzuck ist da zum Beispiel ein Vogel gerupft, eine Yuca geschält oder ein Fisch ausgenommen. Es dauerte noch einige Vormittage, bis ich jeder Frau einzeln gezeigt hatte, wie man feste Maschen und Stäbchen häkelt, eine neue Reihe beginnt und eine zu Ende führt, ohne dass die Maschen abhanden kommen noch sich schlagartig vermehren... Ich hatte Freude dran und eigentlich gar keinen Stress. Zeit spielt ja nur eine untergeordnete Rolle, und jede wartete geduldig, bis ich zu ihr kam. Zum Schluss staunte ich, wie da doch etliche Höschen sehr schön rauskamen. Allerdings hatte ich nicht erwartet, dafür etwa acht Vormittage zu brauchen, so dass für die Babyschühchen nur noch wenig Zeit blieb.*

Nachmittags von 13 - 16 Uhr gab Jürgen Unterricht. Meistens war ich da mit der Kinderstunde dran. Rund 30 Kinder fanden sich auf der Plattform ein, und wir sangen Kinderlieder auf Spanisch. Ich erzählte so einfach wie möglich anhand von Bilderbüchern einige biblische Geschichten. Danach gab es ein Blatt zum Ausmalen, was sie sehr gerne taten. Disziplin-

probleme hatte ich keine, oft war es leichter mit 30 Indianerkids als mit meinen 3! Auch die Kinderstunden machten mir Spaß, jedoch litt ich darunter, dass sie so wenig verstanden.

Abends saßen wir oft noch lange draußen, unterhielten uns ein wenig mit Josué oder anderen, stellten Fragen zu ihrer Lebensweise oder versuchten, den verzwickten Verwandtschaftsverhältnissen auf die Spur zu kommen. Oder es war wieder „Kino" angesagt...

Wie die Kinder diese Zeit erlebten? Bei Daniel machte sich die neue Situation darin bemerkbar, dass er besonders quirlig und etwas kasprig war. Das war natürlich ein rechter Kontrast zu den ruhigeren, viel leiseren Indianerkindern. Es war für uns Eltern dann nicht ganz leicht, damit zurechtzukommen. Mit dem Essen hatte er überhaupt keine Probleme. Janina aß etwas spärlicher, weil sie Kochbananen nicht so mag. Yuca eigentlich auch nicht, aber das legte sich dann. Dafür aß sie von den

verschiedenen Wildvögeln, Wildschwein, Tapir, Papagei und Affe ohne mit der Wimper zu zucken. Janina hatte ein großes Anlehnungsbedürfnis und hielt sich viel bei mir auf. Elias war freilich der Schwarm der Mädchen. Die zehnjährige Amalia gewann seine Gunst und durfte ihn schließlich rumschleppen.

Einmal hatten wir viel Spaß, als die Kinder Daniel und Elias mit Vogelfedern schmückten. Elias in seinem Kushma (Indianergewand) und den Federn im Haar sah megasüß aus.

Elias – mit Amalia

Mit einem Krabbelkind im Stamm, das war schon etwas anstrengend. Er war halt immer schmutzig und wollte sich alles in den Mund stecken. Ansonsten beschäftigte er sich damit herauszufinden, was man durch die Ritzen im Bretterboden so alles verschwinden lassen kann...

76

Übrigens ist das gar nicht so schlecht mit diesen Ritzen, so kann man Tischabfälle wie Knochen und Gräten schnell entsorgen, die Hunde und Hühner von Tsoroja werden uns nun vermissen...
Den Abschied erlebte ich mit etwas zwiespältigen Gefühlen, einerseits freute ich mich auf daheim, auf die Dusche und die Matratze, und doch hatte ich auch die Leute dort ins Herz geschlossen und ließ sie nun zurück...
Ich bin dankbar für diese Zeit und die Erlebnisse dort. Nun, wenn einer eine Reise tut, dann kann er viel erzählen – aber irgendwann muss er auch mal wieder aufhören..."

Jede neue Reise nach Tsoroja war interessant und immer gab es Neues zu entdecken, aber auch Veränderungen zu beobachten. Insbesondere im Blick auf die Häuser gab es immer Überraschungen, denn die Caquinte bauten ständig daran herum, rissen alte ab und bauten neue. Josué und Jeremías hatten bei fast jedem Besuch ein anderes Haus!
Leider gab es aber auch negative Veränderungen. Manches äußerte sich am Zustand von Teilen des Dorfes. War Tsoroja bei unserem ersten Besuch noch wie ein schöner Park, gab es nun viele verwilderte Ecken. Für einen Teil der Einwohner gehören Trinkgelage mit Masato fast zur Tagesordnung. Auch die Diebstähle nahmen zu. Einmal erlebte ich folgendes: Ich war unterwegs zum Sanitätsposten, um Sabine bei der Arbeit zu filmen. Unterwegs kam ich an einen kleinen Platz. Dort saß Jeremías an einem Tisch und schrieb etwas. Jacob, der – wie ich später erfuhr – für die Gerichtsbarkeit zuständig war, stand daneben. Dann war da noch ein junger Mann, der Kniebeugen machte. Seine Arme waren ausgestreckt, in den Händen hielt er ein Gewehr. Jacob zählte seine Kniebeugen. Ich dachte mir, dass sie vielleicht gerade eine militärische Ausbildung machen. So bat ich den Mann, der bereits vor dem Schlappmachen war, noch etwas durchzuhalten, zückte meine Kamera und filmte ihn. – Später erfuhr ich, dass er gerade wegen Diebstahls verurteilt und bestraft wurde...
Mit der Zeit hielt die Technik immer mehr Einzug im Dorf, und inzwischen gibt es sogar ein Funkgerät. David ist in Tsoroja

sowohl Lehrer als auch Pastor. Als Lehrer bezieht er zwar ein regelmäßiges Gehalt, braucht das Geld aber eigentlich nicht, um in seinem Dorf zu leben, denn er hat wie jeder andere auch seine Pflanzung. So sammelt sich sein Geld das ganze Jahr über auf seinem Konto auf. Wenn er dann ein- oder zweimal im Jahr in die Stadt kommt macht er einen Großeinkauf und kommt dann gelegentlich auch mit dem Flugzeug zurück. Einmal brachte er einen Fernseher und einen Videorecorder mit. Er dachte, das Ganze würde mit einer Autobatterie funktionieren, tat es aber nicht. Ich erklärte ihm, dass man dazu einen Generator braucht. Beim nächsten Besuch hatten sie einen...

Ich brachte bei meinen folgenden Besuchen jeweils christliche Videos mit, die wir dann in der Kirche mit seinen Geräten zeigten. Doch als ich wieder einmal ins Dorf kam, war der Videorecorder leider kaputt. Dafür hatten sie aber einen nagelneuen DVD-Player. – Und einen neuen Jesus-Film, die „Passion Christi" von Mel Gibson. Der Film ist ja nicht schlecht, aber ziemlich brutal. Ich riet ihnen, diesen Film auf keinen Fall Kinder anschauen zu lassen. Sie haben dann zwar höflicherweise auch darüber gesprochen und die Empfehlung weiter gegeben. Am Abend, bei der Vorführung, wurde aber doch eine Strohmatte für die Kinder in der ersten Reihe ausgelegt, die dann auch in großer Anzahl anwesend waren. Dieses Erlebnis zeigte mir einmal mehr, wie sehr mein Denken und das der Indianer auseinander klaffen. So muss ich manche Dinge einfach stehen lassen, ohne nachvollziehen zu können, was eigentlich in den Leuten vor sich geht.

Ein wirklicher Fortschritt in Tsoroja ist die Schreinerei. Jeconías absolvierte in Cashibo eine sechsmonatige Schreinerlehre. Neben seinem Haus hat er nun seine Schreinerei eingerichtet und man sieht, dass er gerne, gut und viel arbeitet. U.a. hat er auch viele neue Tische und Stühle für das neue Schulhaus hergestellt, das in Tsoroja gebaut wurde. Während eines meiner Besuche zeigte er einem seiner Landsleute, wie man einen Holzkoffer zimmert.

Bei meinem letzten Besuch, im Juni 2005 berichtete Josué, dass er im Mai als Vize-Dorfchef an einer Informationsveranstaltung in Sepahua teilnahm. Dort wurden sie darüber informiert, dass eine Erdölgesellschaft in ihrer Gegend nach Erdöl bohren wolle. Die Angelegenheit wurde von der peruanischen Regierung bereits Ende 2003 beschlossen, die Konzession im Januar 2004 vergeben. Die Caquinte erfuhren aber erst im Mai 2005 davon! Ich nahm wahr, dass die Einwohner von Tsoroja in dieser Frage in zwei Lager gespalten waren: Die Mehrheit wollte nicht, dass die Erdölgesellschaft kommt, nahm es aber etwas fatalistisch auf, nach dem Motto „da kann man ja sowieso nichts machen". Die anderen wollten Fortschritt und Entwicklung und waren dafür. In den Gesprächen äußerten sie ihre Ängste, dass die Umwelt und damit ihre Lebensgrundlage zerstört werden. Aber auch, dass dabei die kulturelle Identität und das soziale Gleichgewicht unter ihnen gestört, bzw. zerstört werden. Da die Caquinte nur ein kleines Volk von insgesamt etwa 400 Personen sind, kann man sich vorstellen, welche Herausforderung, um nicht zu sagen Bedrohung, das Kommen der Erdölgesellschaft für diese Menschen bedeutet. Inzwischen hat sich die Angelegenheit so weit entwickelt, dass das Dorf Tsoroja der Erdölgesellschaft erlaubt hat, in ihrem Gebiet nach Erdöl zu suchen. Man darf gespannt sein, was daraus wird und ob die Sache gut geht...

8. Moisés

Moisés ist ebenfalls Caquinte-Indianer. Er ist der große Bruder von Jeremías und Jeconías. Wir lernten ihn kennen, als er am Lehrerseminar für zweisprachige indianische Lehrer in Yarina studierte.

Er besuchte uns in Cashibo, um gelegentlich bei uns zu arbeiten und Geld für sein Studium zu verdienen. Nach seiner Ausbildung wollte er als Lehrer in sein Dorf Tsoroja zurück kehren. Doch er wurde zunächst von der Schulbehörde als Lehrer in ein Ashaninka-Dorf geschickt. An seiner Stelle wurde ein Ashaninka als Lehrer nach Tsoroja gesandt. Caquinte und Ashaninca sind zwar verwandte Sprachen, aber es ist etwa so, als ob Kinder in Deutschland von einem holländischen Lehrer auf Holländisch unterrichtet werden...

Ein Jahr später wurde er dann endlich nach Tsoroja versetzt, wo ich ihn wieder traf. Als Lehrer gehörte er nun zu den Dorfautoritäten, und man merkte, dass er Autorität hatte. Es ist ihm ein Anliegen, die sprachliche und kulturelle Identität der Caquinte zu stärken. Mir fiel auf, wie die Caquinte nun bei offiziellen Anlässen wieder öfters ihre Tracht anzogen und sich die Männer mit Federkronen schmückten. Moisés ergriff auch die Initiative zur Gründung einer eigenen Indianerorganisation der Caquinte, der ODPK („Organización de Desarrollo del Pueblo Kakinte" – „Organisation für die Entwicklung des Volkes der Kakinte"), der er seit 2005 als Leiter vorsteht.

Bei einem unserer Gespräche erzählte er mir eine Geschichte über die Weltanschauung seiner Vorfahren. Ich nahm seine Erzählung mit einem Kassettenrecorder auf. Die folgende Übersetzung der Geschichte ist bewusst sehr wörtlich gehalten, um dem Leser einen Eindruck von der Art der Erzählung zu geben:

„Früher lebte das Volk der Caquinte am Poyeni-Fluss. Wir Caquinte lebten nicht in Dörfern, sondern verstreut im Urwald. Was geschah? Eines Tages war unter den Caquinte ein wahrer Medizinmann, der Gott kannte. Das Wort für Gott in Caquinte ist „Irioshi". „Irioshi" ist ein altes Wort für „Gott, den Schöpfer des Himmels und der Erde". Der wahre Medizinmann sagte: „Gott wird in diese Welt kommen." – Die Caquinte glaubten ihm nicht. Sie sagten: „Wie wird Gott kommen? – Gott wird nicht kommen!" Sie kannten Gott nicht, wie er ist.

Am nächsten Tag kam Gott vom Himmel herab mit seiner Kraft. Alle Engel sangen Lobgesänge und die Musik war sehr schön. Alles war schön. Dann kam Gott, herab, herab, herab, kam auf die Erde am Poyeni-Fluss. Gott kam wie der Wind, er hatte kein Fleisch, nichts. Gott sprach wie der Wind, wie eine Wolke. Er sagte: „Jetzt bin ich gekommen um euch zu sehen und zu sehen, was ihr denkt." – Daraufhin begannen die Leute zu loben, rufend und singend in der Caquinte-Sprache. Dann wohnte Gott einige Jahre bei uns.

Gott sagte: „Bringt mir meine Kraft, bringt mir meine Kraft, die ich erschaffen habe." Aber die Leute wussten nichts. – Was ist Gottes Kraft? – Sie brachten Bananen und alles Mögliche. Aber Gott sagte: „Nein, nein, das ist es nicht." Sie wussten nicht, welches seine Kraft ist. Dann sagte Gott zu seinem geliebten Medizinmann: „Bring mir was man „ají"[5] nennt. Er soll sehr reif sein, koche ihn gut, damit jeder davon isst. Von dem, der diesen „ají" erträgt, weiß ich, dass er mein Sohn ist. Wer ihn nicht erträgt, von dem weiß ich, dass er schlecht denkt und ein schlechtes Verhalten hat. Wem dieser „ají" nicht zu scharf ist, der ist mein Sohn." Alle hörten es. In einem Moment wurde alles zubereitet. Dann rief Gott die Leute. Jeder hatte einen großen Topf mit „ají". Zuerst nahm der Medizinmann. Er war ihm nicht zu scharf. „Du bist mein Sohn" sagte Gott. Andere aßen davon und dem letzten, der davon aß war es zu scharf. „Du hast Schlechtes gedacht, du hast Schlechtes zu deinen Landsleuten gesagt, du hast Schlechtes zu deiner Frau gesagt – daher ist dir der ají zu scharf." – Nun musste der Mann, dem

---

[5] In Peru kennt man mehrere Arten von ají. In anderen Ländern ist ají unter dem Namen „Chili" bekannt.

der ají zu scharf war, heilig leben, ohne Verkehr mit einer Frau zu haben. Aber die Leute dachten: „Gott wird nichts sehen". Der Mann ging nach Hause. Gott war in der Luft im Haus. Er stand nicht auf dem Boden, Gott war dort, wie eine Wolke. Der Mann sagte: „Wohin werde ich gehen, damit mich Gott nicht sieht? - Wir werden weit weg gehen, dorthin wo Gott uns nicht sieht." Er ging mit seiner Frau und sie kamen an diesen Ort, weit entfernt im bergigen Wald. Er wollte mit seiner Frau schlafen. Er wollte es tun und hörte hinter sich: „Mein Sohn, tue das nicht. Ich sage dir, dass du es noch nicht tun sollst. Wenn ich es dir sage, dann kannst du es tun." – Sie dachten: „Was werden wir jetzt tun? – Wir werden ein Loch graben." Sie gruben ein Loch, tief hinunter. Sie schlossen sich darin ein, um miteinander zu schlafen. Der Mann drehte sich um und hörte Gott: „Tue es nicht, mein Sohn." – „Was soll ich tun?" sagte der Mann, „ich kann nichts tun." Gott war in jedem Moment da. So tat der Mann nichts.

Daher wusste das Volk der Caquinte schon früher alles über Gott. Was ihnen fehlte, war die Schrift. Ihnen fehlte die Schrift, denn früher wussten sie nur mündlich von Gott, durch mündliche Überlieferung.

Daher, als es eine Krise und Diskriminierung des Caquinte-Volkes gab, gab es früher einen Krieg gegen uns. Das andere Volk waren die Ashaninka. Es gab einen Caquinte-Krieger, es gab nicht mehrere, nur einen. Das Volk der Ashaninka war wie heute sehr zahlreich. Weil das Volk der Caquinte von Gott wusste sprach der Caquinte-Krieger in seiner Sprache: „Irioshi, rette, hilf mir gegen meinen Feind." Als er das sprach, gab ihm Gott Mut. – Und er besiegte die Ashaninka. Es waren mindestens 600 Ashaninka gekommen, und er war ein Einziger. Daher glaubte das Caquinte-Volk, dass Gott existiert. Diese Geschichte berichtet über unsere frühere Welt-anschauung, nicht von jetzt."

Inzwischen hat sich das Verhältnis der Caquinte zu den Ashaninka normalisiert. – Und Moisés ist inzwischen mit einer Ashaninka-Indianerin verheiratet.

9. Josué

Obwohl Josué noch recht jung war, als ich ihn kennen lernte, hatte er doch schon eine recht bewegte Geschichte. Seine Großmutter war eine der (mindestens) fünf Ehefrauen des letzten Schamanen der Caquinte. Jeremías´ Großmutter war eine der anderen Ehefrauen, und so waren die beiden näher miteinander verwandt – so, wie die meisten Caquinte irgendwie miteinander verwandt sind.

Josués Oma hatte mehrere Kinder. Einmal, als sie verreiste, gab sie ihre Kinder in die Obhut ihrer Mutter. Doch als sie zurückkam, hatte ihre Mutter alle Kinder, bis auf Josués Vater und dessen Schwester getötet!

Josués Vater verheiratete sich zuerst mit einer Machiguenga-Indianerin. Als Josué noch ein Baby war, kamen die Eltern seiner Mutter und nahmen sie ihrem Ehemann wieder weg. Josué blieb jedoch bei seinem Vater. Dieser heiratete dann eine andere Frau und hatte mit ihr noch mehrere Kinder. Als Josué acht Jahre alt war, starb sein Vater. Seine Oma nahm ihn zu sich und zog ihn auf. Somit begann eine weitere schwere Zeit für ihn, denn er hatte kaum Kleidung und nur das Nötigste zum Leben. Als Kind hatte er zwar mal etwas von Jesus gehört und sich dafür entschieden, mit ihm zu leben, doch als Jugendlicher wollte er davon nichts mehr wissen. Er wollte nichts mehr mit dem Glauben zu tun haben, obwohl auch Jeremías mit ihm darüber redete. Er wollte nur noch sein Dorf verlassen und nie mehr nach Tsoroja zurückkehren. So ging er nach Satipo, der Hauptstadt des Bezirks.

Tagsüber arbeitete er in den Pflanzungen, um sich seinen Lebensunterhalt zu verdienen; abends besuchte er die Sekundarschule. Am Wochenende ging er zur Disco. Eines Tages hatte er einen Traum, in dem ein Mann zu ihm sprach und ihm sagte, er solle mit Jesus leben. Doch dies interessierte ihn nicht; er wollte nicht. Kurze Zeit später wurde Josué schwer krank. Sein Patron, der Mann bei dem er lebte und arbeitete, brachte ihn ins Krankenhaus. Dort kam er langsam wieder zu Kräften. Josué hatte den Eindruck, dass Gott auf diese Weise zu ihm geredet hatte. Er begann eine evangelische Gemeinde in Satipo zu besuchen, begann ein neues Leben mit Jesus und ließ sich taufen. Bald kehrte er in sein Dorf zurück – als veränderter Mensch.

Von da an war es Josués Wunsch, Gott zu dienen. So kam er zur Bibelschule nach Cashibo, um sich dafür ausbilden zu lassen. Obwohl er nicht die besten schulischen Voraussetzungen hatte, denn er hat seine Sekundarschulausbildung nie abgeschlossen, und obwohl er immer noch mit der spanischen Sprache zu kämpfen hatte, war er einer der besten und arbeitsamsten Schüler, die ich je hatte. Wie ich bereits erwähnt habe, lernte ich Josué kennen, als er das erste Mal zur Bibelschule kam. Er war damals gerade frisch verheiratet mit Sonja, die damals erst 16 Jahre alt war. Sonja war damals noch ein richtiger Teenager, auch in ihrem ganzen Verhalten. Inzwischen haben sie bereits fünf Kinder, und Sonja ist seit der Geburt ihres ersten Kindes sehr gereift. Mit der neuen Verantwortung hatte endgültig ein neuer Lebensabschnitt für sie begonnen. Sonja ist ebenfalls sehr wissbegierig und offen für Neues. Während ihr Mann an der Bibelschule studierte, nahm sie am Programm für die Ehefrauen teil und hat dort viel gelernt. Und zwar nicht nur in der Theorie, sondern man merkte, wie sie die Dinge in die Praxis umsetzte. Im Blick auf Hygiene und wie sie sich um ihre Kinder kümmert ist sie heute ein Vorbild in ihrem Dorf.

Als Josués Stiefmutter starb, nahm er zwei seiner Halbbrüder auf. Zusammen mit seiner Oma – die bereits seit längerem in seinem Haus wohnte – lebten sie mehrere Jahre bei ihm und er kümmerte sich nach seinen Möglichkeiten um das, was sie brauchten. Nur in den Monaten, in denen Josué zum Bibelkurs nach Cashibo kam, war die Situation seiner Oma und seiner Brüder nicht leicht. Die beiden Jungs waren noch zu jung um jagen zu gehen, und so hatten sie in dieser Zeit kaum Fleisch. Im Dorf kümmerte sich niemand darum; Josué meinte nur dazu „es sei nicht ihr Brauch...".

Jedes Mal, wenn er vom Bibelkurs nach Hause zurückkehrte, wartete viel Arbeit auf ihn.

Josués Oma

Zunächst einmal musste seine Pflanzung wieder vom Unkraut befreit werden, denn der Urwald versuchte, das Land wieder zurückzuerobern. Oftmals waren auch Dinge aus seinem Haus einfach verschwunden, insbesondere auch seine Hühner. Trotz all der Schwierigkeiten ließ er sich nicht davon abbringen, seine Ausbildung erfolgreich abzuschließen.

Er hat einen köstlichen Humor und mehrmals hat er sich bei uns zu Hause mit den Spielsachen unserer Kinder vergnügt und sich dabei fast einen Ast abgelacht. Manchmal weiß man bei seinen Antworten nicht, ob er etwas ernst oder ironisch meint. Gelegentlich zeigt sich auch ein gewisser schwarzer Humor. Nie werde ich sein Grinsen vergessen, als er mir die Sache mit den Hunden erklärte. Bei meiner ersten Reise nach Tsoroja fiel mir ein Hund auf, dem ein Stück Schwanz fehlte. Ich fragte Josué, was mit dem Hund los sei. Mit seinem typischen Grinsen im Gesicht sagte er mir, dass der Hund ein Dieb sei. Er erklärte mir schließlich, dass sie einem Hund – jedes Mal wenn er ein Stück Fleisch stiehlt – etwas von seinem Schwanz abhacken. Ich wollte wissen, was sie machen, wenn nichts mehr vom Schwanz übrig ist? – Josué antwortete, dass sie dann mit den Ohren weiter machen... – Auch im Umgang mit anderen Tieren habe ich festgestellt, dass die Indianer nicht gerade „harmonisch" mit ihrer Umwelt zusammenleben.

Inzwischen ist Josué zum Vize-Chef seines Dorfes gewählt worden. Dadurch kommt er auch gelegentlich in die Stadt. Eines Tages erwähnte er, dass er, wenn er nach Satipo kommt, öfters ins Internet-Cafe geht und surft...

10. Quitepampani

Quitepampani liegt direkt oberhalb der Einmündung des Yori-Flusses in den Ayeni-Fluss. Der Ayeni wiederum mündet in den Urubamba-Fluss, der etwas später mit dem Tambo-Fluss den Ucayali bildet, und ab seinem Zusammentreffen mit dem Marañon dann Amazonas heißt. Quitepampani war die erste Dorfgründung der Caquinte, die Bestand hatte. Zuvor hatten sie es bereits schon dreimal versucht.[6] Bei einem Versuch brach eine Epidemie im Dorf aus, an der viele starben. Bei den beiden weiteren Versuchen wurden sie von benachbarten Stämmen angegriffen (in Kapitel 8 erzählte Moisés vom Krieg mit den Ashaninka). So wurden sie jedes Mal dezimiert und zerstreut. Als Folge lebten sie lange Zeit in kleinen Familiengruppen, jeweils alleine für sich im Urwald, bis sie es im Jahr 1975 nochmals wagten – und Quitepampani gründeten. Einige Jahre später entschied sich dann ein Großteil des Stammes, in das ursprüngliche Gebiet zurück-zukehren, in dem viele ihrer Vorfahren gelebt hatten, und gründeten am Poyeni-Fluss das Dorf Tsoroja, von dem in Kapitel 7 hauptsächlich die Rede war. Ein weiterer Teil der Bewohner von Quitepampani gründete weiter flussaufwärts das Dorf Tainii, und so war Quitepampani bald das kleinste der drei Hauptdörfer der Caquinte. Bei meinem Besuch im Jahr 2005 hatte das Dorf ungefähr 50 Einwohner, die meisten davon waren Kinder.

Die ersten Bewohner von Quitepampani lernte ich im Januar 2001 kennen. Juan war der Bruder von David, dem Lehrer und Pastor von Tsoroja. Zusammen mit Noé und dessen Ehefrau Yaneth (die Schwester von Josué, die damals gerade erst 13 Jahre alt war) hatte er den zweitägigen Fußmarsch durch den Urwald auf sich genommen, um am Bibelunterricht teilzu-nehmen und Noé als Bewerber für eine Bibelschulausbildung vorzustellen. Ich werde Juan nie vergessen! - Insbesondere seinen strahlenden Blick und seine leuchtenden Augen, mit

---

[6] Margarethe Sparing-Chávez (Hg.), *People of Peru.* (Lima: Summer Institute of Linguistics, 1999), S. 68.

denen er am Bibelunterricht teilnahm und alles, was er hörte, wie einen Schwamm in sich aufsog. Einen Monat später, nachdem er wieder nach Quitepampani zurückgekehrt war, wurde er von einer Giftschlange gebissen und starb an den Folgen. Er ließ seine Frau Antonia und vier Kinder zurück.

Im Jahr 2002 kam dann der erste Student aus Quitepampani an die Bibelschule in Cashibo; dieser war aber nicht Noé, sondern dessen Bruder Genner, der sich nach Juans Tod um die kleine Gemeinde im Dorf gekümmert hatte. Genner ist übrigens der Schwiegersohn von Juan; er ist mit dessen ältester Tochter Emilia verheiratet.

Im November 2005 hatte ich dann endlich die Gelegenheit, eine zweiwöchige Reise nach Quitepampani durchzuführen. Da auch dieses Dorf über eine eigene Lande-bahn verfügt, war es möglich, mit dem Missionsflugdienst von SAM-Air anzureisen.  Die Piste ist allerdings relativ kurz und auf der einen Seite durch den Yori-Fluss und auf der anderen Seite durch ein kleines Bächlein begrenzt. Das macht die Sache etwas spannender – wie bei meinem Rückflug, als aus der „falschen Richtung" recht starker Wind wehte, und der Pilot beim ersten Landeanflug nochmals durchstartete.

Beim ersten Rundgang durch das Dorf, zusammen mit Genner, staunte ich wieder einmal über die Baukunst der Caquinte. Sie war in Quitepampani noch ausgeprägter als in Tsoroja. Zwei Familien hatten sich sogar zweistöckige Häuser gebaut, die kleinen Aussichtstürmen glichen. Genners Haus stand auf langen Eckpfosten, auf dem darunter liegenden freien Platz stand ein Tisch mit zwei Bänken. Dieser Platz diente quasi als Wohn- und Esszimmer. Eine Holzleiter führte hinauf in den einzigen Raum im Haus, und obwohl die Kinder von Genner und Emilia noch klein waren, war es für sie schon das Normalste auf der Welt, alleine dort hoch- und runter zu klettern. Für mich hatten sie extra ein kleines Häuschen als Unterkunft gebaut und eine Latrine ausgehoben.

Während meines Aufenthalts gab ich der kleinen Gemeinde im Dorf einen Überblick über die Bibel; außerdem besprachen wir Abschnitte aus dem Epheserbrief. Genner übersetzte mich vom Spanischen in die Caquinte-Sprache. Neben den regelmäßigen Teilnehmern nutzten immer wieder auch Schulkinder ihre Pausen, um etwas von der Botschaft der Bibel zu hören. Eines Tages, nach einem kräftigen Regen um die Mittagszeit, klopfte es plötzlich an der Tür meines kleinen Häuschens. Ana, die Schwester von Emilia und jüngste Tochter von Juan und Antonia, stand vor der Tür. Das – damals 11-jährige – Mädchen wollte ihr Leben Jesus Christus anvertrauen und bat mich, mit ihr zu beten. Ich konnte es kaum fassen! Ich sprach mit ihr, um sicherzugehen, dass ich sie richtig verstanden hatte – und ob sie richtig verstanden hatte, was das bedeutete. Anschließend beteten wir miteinander und fröhlich kehrte sie nach Hause zurück.

Am letzten Abend, vor meiner Abreise, saß ich nach dem Abendessen noch eine ganze Weile mit Genner und dessen Familie zusammen. Mit dabei war auch Jonás, der damals 14-jährige Bruder von Emilia und Ana. Der plötzliche Tod seines Vaters Juan hatte Jonás sehr getroffen. Schon früh begann er, sich mit Masato zu betrinken. Genner erzählte, dass er Jonás eines Nachts aus Versehen fast erschlagen hatte. Was war geschehen? Eine Zeitlang waren nachts immer Ozelots aufgetaucht, die Genners Hühner auffraßen. Als er eines Nachts wieder Geräusche aus dem nahe liegenden Gebüsch hörte, ging er mit seiner Machete bewaffnet dorthin, bereit zuzuschlagen. Gott sei Dank, leuchtete er vorher nochmals mit seiner Taschenlampe, um zu sehen, was da genau war. Es war Jonás, der stockbetrunken im Gebüsch lag!

Und nun, während unseres Gesprächs, meldete sich auf einmal Jonás zu Wort und sagte, er wolle ebenfalls eine Lebensübergabe vollziehen und Jesus Christus nachfolgen. Ich freute mich sehr darüber! Allerdings wollte ich auch in diesem

Fall sicherstellen, dass Jonás sich bewusst war, worauf er sich da einließ und dass die Nachfolge Jesu lebensverändernde Konsequenzen hat. Nach einem ausführlichen Gespräch war er immer noch bereit dazu, und so beteten Genner und ich mit ihm.

Während meines Aufenthalts in Quitepampani kamen mehrere Personen zu seelsorgerlichen Gesprächen, in denen ähnliche Themen wie in Tsoroja zur Sprache kamen. Einmal mehr wurde mir bewusst, wie verzerrt das romantische Bild vom „edlen Wilden, der mit sich und seiner Umwelt in Harmonie lebt", ist. Es ist egal, wo die Menschen leben – sie sind und bleiben Menschen, mit allen Sorgen, Nöten und zwischenmenschlichen Schwierigkeiten, die das Leben so mit sich bringt.

Zwei Tage vor meiner Abreise erlebten wir dann eine sehr schwierige Situation. Eine Familie brachte ihr 11 Monate altes Kind schwer krank zu Genner, der auch der Dorfsanitäter ist. Obwohl es schon mehrere Tage lang krank gewesen war, brachten die Eltern ihr Kind leider nicht rechtzeitig. Es hatte über 40°C hohes Fieber und röchelte aufgrund einer schweren Bronchitis nach Luft. Wir gaben ihm sofort Antibiotika und ein fiebersenkendes Mittel. Danach kehrte die Familie mit ihrem Kleinen nach Hause zurück. Es verging jedoch keine halbe Stunde, bis sie erneut mit ihrem Kind im Arm bei Genner auftauchten; es war kurz zuvor verstorben... Später erfuhr ich, dass es bereits das fünfte Kind war, das diese Familie verloren hatte!

Während meinen Reisen zu den Caquinte habe ich immer auch versucht, mehr über die traditionelle Weltanschauung dieser Ethnie zu erfahren – so auch in Quitepampani. Eine traurige Gelegenheit dazu bot auch der Tod dieses kleinen Jungen. Seine Eltern waren noch stark vom traditionellen Denken geprägt. Sofort nach dem Tod ihres Kindes machten sie sich auf den Weg, um es irgendwo – weit weg – im Urwald zu beerdigen. Am Tag meiner Abreise waren sie gerade wieder nach Quitepampani zurückgekehrt. Umgehend brannten sie das Haus, in dem ihr Sohn gestorben war, nieder. Auf diese Weise wollten sie verhindern, dass der – gemäß ihrer

Weltanschauung nun bösartige – Totengeist ihres Kindes dort bleibt, bzw. dorthin zurückkehrt und Schaden anrichtet.

Wie bei meinem Besuch wenige Monate zuvor in Tsoroja, bewegte auch die Einwohner von Quitepampani die Frage, was das Kommen der Erdölgesellschaft für sie bedeuten würde. Während einer Dorfversammlung, bei der auch die Frauen ganz selbstverständlich lautstark und leidenschaftlich mit diskutierten (wie auch zuvor in Tsoroja), wurde das Thema besprochen. Auch hier wurde deutlich, dass in der Frage, was zu tun sei, Uneinigkeit herrschte.

Da ich im Juli 2006 mit meiner Familie nach Deutschland zurückkehrte, wusste ich nicht, wie sich die Dinge in Quitepampani weiterentwickeln würden. Das nächste Mal traf ich Genner und Emilia im Juli 2008 während meiner Perureise in Cashibo. Dort stellten sie mir ihren jüngsten Sohn vor, der Jürgen heißt ☺. Genner berichtete mir dabei über weitere Entwicklungen im Dorf und auch, dass er inzwischen das Amt des Dorfchefs innehatte.

Als ich während meiner Reise im Jahr 2011 wieder nach Cashibo kam, teilte mir Simon, der an der Bibelschule für die Koordination zuständig war, mit, dass mich einer der Bibelschüler sehnlichst erwarten würde: ein Caquinte namens Jonás. Ich war wirklich überwältigt, denn ich hatte seit 2005 keinerlei persönlichen Kontakt mehr mit ihm. Jonás war inzwischen mit Cony, einer Machiguenga-Indianerin, verheiratet und hatte zwei Kinder. Bis zum Ende des Bibelkurses und seiner Rückreise nach Quitepampani blieb uns gerade eine Woche Zeit, in der wir uns öfters trafen und über alle möglichen Dinge sprachen. Als er in sein Dorf zurück reiste, wäre ich am Liebsten mit ins Flugzeug gestiegen!

Der Gedanke an eine Reise nach Quitepampani ließ mich irgendwie nicht mehr los. Gleichzeitig war es kompliziert so etwas zu planen, ohne direkte Kommunikationsmöglichkeit. Mit Hilfe von Joy und Ken, dem Linguisten-Ehepaar, das seit 1976 mit den Caquinte arbeitet, war es möglich Kontakt mit Miguel, dem Bruder von Emilia und Jonás, aufzunehmen, der gerade in Cuzco studierte. Während eines Besuchs in seinem Heimatdorf brachte er mein Anliegen vor und schließlich kam per E-Mail das Okay für die Reise.

Im Juli 2012 war es dann so weit und ich reiste mit dem Missionsflugdienst von SAM-Air nach Quitepampani. Bereits beim Landeanflug auf das Dorf wurde deutlich, dass dort in den vergangenen sieben Jahren immense Veränderungen stattgefunden haben. Rein äußerlich – abgesehen von der Lage des Dorfes – wäre es fast nicht wieder zu erkennen gewesen. Als Dorfchef hat Genner sehr zäh mit der Erdölgesellschaft verhandelt und erreicht, dass 2010 in Quitepampani (als einzigem Caquinte-Dorf) komplett neue Häuser gebaut wurden – und zwar aus „material noble" bzw. „seminoble". Zwei Familien im Dorf wollten Holzhäuser, die restlichen wollten entweder eingeschossige Häuser, die komplett gemauert sind („material noble"), oder sogar Häuser mit zwei Stockwerken, bei denen das Untergeschoss gemauert ist und das Obergeschoss aus Holz („seminoble"). Genner brachte mich bei sich zu Hause unter. Ich hatte ein Einzelzimmer im Obergeschoss mit Bett und Matratze – und

Genners Haus 2005 (l.) und 2012 (r.)

musste natürlich an das Häuschen denken, das sie mir damals gebaut hatten, aber schon lange nicht mehr stand, der Unterschied hätte nicht größer sein können! Trotz der wirklich schönen Häuser hatten sich ein paar Dinge nicht verändert: Es gab keine Sanitäranlagen und keine Küche im Haus. D.h. gebadet und Wäsche gewaschen wurde weiterhin im Fluss, irgendwo gab es eine Latrine, und neben dem Haus stand eine kleine Indianerhütte ohne Wände, in der die Küche und das „Esszimmer" untergebracht waren.

Neben den neuen Wohnhäusern hatten sie auch ein neues Schulgebäude und einen großen Sanitätsposten, der aber leer stand und für Gottesdienste und Dorfversammlungen verwendet wurde. Ansonsten gab es inzwischen auch Stromgeneratoren, Rasenmäher und sogar Lerncomputer in der Schule. Bei diesen Lerncomputern handelt es sich um 100-Dollar-Laptops, von denen auch in Deutschland in der Presse zu lesen war. – Bei meiner Rückkehr nach Cashibo erzählte mir Simon, der dort an der Bibelschule unterrichtet, dass inzwischen viele Schulen in den Indianerdörfen des Urwaldes mit diesen Lern-Laptops ausgestattet worden sind.

Auch in Sachen Fluglärm hatte sich einiges verändert. Während man 2005 vielleicht höchstens ein oder zweimal in der Woche das Geräusch eines Flugzeugs hörte, ist es nun an der Tagesordnung, dass Flugzeuge (auch größere Maschinen) und vor allem Helikopter hin und her fliegen.

Zu denken gab mir, was Genner bei meiner Ankunft in Quitepampani sagte: „Es gibt hier materiellen Fortschritt, wir brauchen aber auch geistlichen Fortschritt!" Während meines einwöchigen Aufenthalts hatte ich viele (zum Teil auch seelsorgerliche) Gespräche mit den Einwohnern. Darin kam immer wieder ans Licht, dass es seit Jahren massive Spannungen innerhalb der Dorfgemeinschaft gab. Diese hatten vor allem mit der Präsenz der Erdölgesellschaft in der Gegend zu tun. Auch während meines Aufenthalts fanden mehrere Dorfversammlungen statt, in denen sehr heftig und lautstark diskutiert wurde. Der Streit und die Zwistigkeiten gingen mitten durch Familien hindurch, inklusive der kleinen Gemeinde am Ort. Insbesondere über die Verteilung des möglichen „Wohlstandes" gab es unterschiedliche Standpunkte. Viele hätten am Liebsten (viel) Bargeld von der Erdölgesellschaft erhalten, um sich alle möglichen Dinge kaufen zu können, bis das Geld eben aufgebraucht ist. Nur ganz wenige dachten an die längerfristige Entwicklung des Dorfes und den Aufbau einer tragfähigen Zukunft – für sich selbst und ihre Kinder – und an die Vermeidung von möglichen finanziellen Abhängigkeiten. Wie bereits an vielen anderen Orten im Urwald wird es früher oder später auch in der Gegend von Quitepampani zu starken

Veränderungen in der Umwelt kommen; u.a. ist mit einem Rückgang der Wild- und Fischbestände zu rechnen.

Kurz nach meiner Reise las ich im Magazin "EINS" in einem kurzen Bericht über die Kampagne "Licht ins Dunkel" mit dem Titel "*10.000 Stimmen für mehr Transparenz und weniger Armut*" Folgendes:

„*Es ist ein Skandal. Rund 3,5 Milliarden Menschen leben in Ländern, die reich an Öl, Gas und anderen Bodenschätzen sind. Tragischerweise profitieren arme Menschen aus den vom Rohstoffabbau betroffenen Gebieten selten von den Einnahmen. Verantwortungsträger aus der EU müssen jetzt handeln und sicherstellen, dass das Geld an den richtigen Stellen landet.*"[7]

Angesichts der Erlebnisse in Quitepampani wurde ich nachdenklich. Nun, die Aussage in diesem Artikel ist sicher richtig. Nur, angesichts dessen, was ich von den Caquinte – und auch von anderen Ethnien – weiß, stellt sich für mich die Frage: Welches sind die *richtigen* Stellen? – Denn diese Frage ist in der Praxis gar nicht so einfach zu beantworten, z.B., wenn ich an die Situation in Quitepampani denke. Auf einen Schlag kommen enorme soziale und wirtschaftliche Herausforderungen auf eine Dorfgemeinschaft zu, die bisher kaum mit der Verwaltung von Geldern betraut war, abgesehen von kleinen Summen, in einem bisher sehr begrenzten Umfang. Stehen dann nämlich plötzlich – wie im konkreten Fall – jährlich S/ 100.000,-- (Nuevos Soles, der Betrag entspricht etwa 34.000 Euro – eine sehr große Summe für die Leute dort) zur Verfügung, die sinnvoll eingesetzt werden sollen, dann entsteht schnell ein heftiger Streit über die Verwendung der Mittel. In Quitepampani wurde am Ende der Diskussion jeder Familie derselbe Betrag zugewiesen. Manche werden diesen sinnvoll und mit Bedacht einsetzen, die Meisten werden ihn vermutlich irgendwie verbrauchen. Im Dorf wird der Unterschied und

---

[7] Deutsche Evangelische Allianz (Hg.), *EiNS – Das Magazin der Evangelischen Allianz Deutschland, Ausgabe 2/2012.* (Witten: Bundes-Verlag, 2012), S.31. EiNS 2/2012 steht im Internet auch zum kostenlosen Download zur Verfügung:
www.ead.de/fileadmin/daten/dokumente/eins/EiNS_12_Mag0212_web.pdf

Abstand wachsen – zwischen denen, die ihre Mittel weise einsetzen und vermehren, und denen, die das nicht schaffen. Die Folge davon wird Neid sein. Es wird eine Kluft zwischen Menschen entstehen, die einander materiell bisher weitgehend gleichgestellt waren. Abgesehen davon wird es noch zu anderen „Nebenwirkungen" kommen, die bereits in vielen Dörfern im Urwald, mit einer ähnlichen Situation beobachtet werden können. Dazu gehören u.a. ein steigender Alkoholkonsum mit starken Getränken wie Bier und „agua ardiente" („Feuerwasser"), welche den traditionellen Masato ersetzen. Was die Menschen in ihrer Situation eigentlich bräuchten, wäre eine gute und langfristige (mindestens 5 – 10 Jahre) Begleitung, um ihnen bei den ganzen sozialen und wirtschaftlichen Veränderungsprozessen beiseite zu stehen (inklusive geistlicher Begleitung). Die entsprechenden Personen müssten Sprache und Kultur der Ethnie kennen und über umfangreiche Kenntnisse in verschiedenen Bereichen verfügen (ethnologische, juristische, wirtschaftliche, ökologische etc.), außerdem müssten sie wirklich unabhängig von fremden Interessen (sei es der Ölfirmen oder des Staates) arbeiten können. Nur, wer kann das alles leisten? Es gibt zwar verschiedene Organisationen, die sich für den Schutz der Umwelt und / oder ethnischer Minderheiten einsetzen. Leider ist aber zu beobachten (auch im Fall der Caquinte), dass die Menschen dann, wenn sie wirklich Hilfe bräuchten, z.B. durch die Beratung und Vertretung durch gute Fachanwälte, diese (über)lebenswichtige Unterstützung im Paragrafen-Dschungel der modernen Welt schlichtweg nicht zur Verfügung steht. – Und auch hier bleibt die Frage: Welches sind die richtigen Stellen, die den Menschen wirklich helfen können?
Trotz allen Herausforderungen und offenen Fragen, die bleiben, habe ich den Aufenthalt in Quitepampani sehr genossen. Es gab ein sehr herzliches Wiedersehen mit den Bewohnern des Dorfes. Wir haben viel gelacht und festliche Urwaldmenüs miteinander gegessen. Und wieder haben viele das seelsorgerliche Gespräch gesucht und ihre Lasten im Gebet bei dem Mann von Golgatha abgelegt, der die Sünde der Welt auf sich genommen hat und neue Hoffnung schenkt.

Spannend war auch, manche, die bei meinem ersten Besuch noch Kinder oder Jugendliche waren, wiederzusehen. Ich hatte Fotos von damals mitgebracht, die oft mit viel Gelächter angeschaut und kommentiert wurden. Einige von ihnen besuchen die Sekundarschule in einem Machiguenga-Dorf am Urubamba-Fluss. Andere von ihnen, sind inzwischen verheiratet und haben Kinder, wie z.B. Jonás.

Sehr gefreut hat mich, dass die Mutter des kleinen Jungen, der bei meiner ersten Reise verstorben war, regelmäßig am Bibelunterricht teilnahm und zwei ihrer Töchter sich sogar für ein Leben mit Jesus Christus entschieden. So feierten wir am Sonntag vor meiner Abreise einen Taufgottesdienst mit Taufe im Fluss.

Da es am geplanten Abreisetag in der Gegend von Pucallpa  schlechtes Wetter hatte, verschob sich der Rückflug um einen Tag und ich durfte noch etwas länger bleiben. Mehrfach wurde ich gefragt, wann ich wieder kommen würde. Leider musste ich antworten: „Ich weiß es nicht."

11. Indianer im Umbruch

Die Welt der Indianer des Amazonastieflandes ist im Umbruch, und zwar in einer stärkeren und intensiveren Weise, als dies je zuvor der Fall war. Während vieler Jahrhunderte gab es kaum nennenswerte Veränderungen in ihrer Lebensweise.

Abgesehen von den wenigen, noch isoliert lebenden Gruppen, die immer noch irgendwo im Urwald versteckt leben, gibt es in den meisten Stämmen eine immer kleiner werdende Groß- und Urgroßelterngeneration, die die „Steinzeit" noch miterlebt hat. Während in unseren Breitengraden die Entwicklung von der Steinzeit bis zur modernen Welt in Jahrtausenden und Jahrhunderten vor sich ging, wurden die Indianer fast wie mit einer Zeitmaschine in die moderne Welt hinein katapultiert. Ein paar dieser Einflüsse, die Veränderungen mit sich bringen, wurden in den vorangegangenen Kapiteln genannt: Händler, Ölgesellschaften und das Fernsehen – bis hin zur Benutzung des Internets und Mobiltelefons.

Die Kommunikationsmöglichkeiten im Urwald sind mit der Verbreitung von Funkgeräten immer mehr gewachsen. Durch die Verbreitung von Bootsmotoren kann man heute immer schneller und immer weiter reisen. Durch das Fernsehen und die allgegenwärtigen DVDs erhalten die Indianer immer stärkere Eindrücke vom „modernen Leben" in den Städten. Und natürlich wachsen mit den Eindrücken auch Wünsche und Bedürfnisse, insbesondere nach materiellen Dingen und Wohlstand, aber auch nach Bildung. Dadurch kommt es einerseits zu Veränderungen, z.B. im Kleidungsstil und bei den traditionellen handwerklichen Techniken, die verlernt werden. So wissen inzwischen immer weniger Frauen, wie man Baumwolle verarbeitet und webt. Gleichzeitig ist man aber offen für Neuerungen, insbesondere auf technischem Gebiet.

Während die Indianer früher in der Regel als Halbnomaden lebten und im Urwald umher zogen, wohnen heute die meisten von ihnen in Dörfern. Durch das Bevölkerungswachstum im Urwald – unter anderem auch bedingt durch das Eindringen von Siedlern – wird es in manchen Gegenden immer schwieriger, die Ernährung, insbesondere die Proteinversorgung der Bevölkerung, sicher zu stellen. Die Fisch- und Wildbestände sind in manchen Regionen drastisch zurückgegangen. So ist es notwendig geworden, neue Strategien zur Sicherstellung der Ernährung zu entwickeln, u.a. durch Vieh- und Kleintierzucht. Diese neuen Strategien machen aber ihrerseits auch eine Veränderung der Lebensweise notwendig. Denn wenn man Tiere züchten will, muss man diese auch regelmäßig versorgen. Und das erfordert wiederum eine Kontinuität, welche die Indianer – insbesondere die Männer – bisher so nicht kannten.

Inzwischen hat heute fast jedes Indianerdorf in Peru zumindest eine eigene Primarschule, in manchen Dörfern gibt es sogar eine Sekundarschule. Der Bildungsstand wächst ständig, auch wenn die Qualität der schulischen Ausbildung in vielen Dörfern mehr als zu wünschen übrig lässt. Doch immer mehr Schulabgänger stehen vor der Frage, was sie mit der empfangenen Bildung anfangen können? In ihren Heimatdörfern gibt es in der Regel kaum Verwendung dafür – wenn man einmal davon absieht, dass die Fähigkeit, lesen, schreiben und rechnen zu können, nützlich ist, um nicht mehr so leicht von einem Händler über den Tisch gezogen zu werden. Und so machen sich immer mehr junge Indianer auf den Weg in die Stadt, entweder zum Arbeiten und Geld verdienen, und / oder, um an einer Fachschule, oder, wenn möglich, sogar an der Universität zu studieren. Ob sie von der Stadt nochmals den Weg zurück in ihr Dorf finden, um wieder dort zu leben, ist eher ungewiss. Denn je höher ihr Bildungsstand wird, desto weniger Möglichkeiten gibt es, um – zumindest im Moment – wieder zuhause zu leben und zu arbeiten. Trotzdem haben immer mehr Indianer den Wunsch nach einer guten Ausbildung und beruflichen Karriere. Manche träumen von der Entwicklung ihrer Dörfer, von Strom, fließendem Wasser, guter medizinischer Versorgung und vielem anderem mehr. Viele streben nach höheren Abschlüssen und Titeln. Und wenn diese eben noch nicht für sie persönlich erreichbar sind, dann sollen sie es wenigstens für ihre Kinder sein. Sie möchten nicht zurückbleiben und unwissend sein, sondern sie möchten ebenfalls jemand Bedeutendes werden und ihren Anteil am

„großen Kuchen" abkriegen. – Wer kann ihnen das verdenken? Mit welchem Recht neigen wir manchmal dazu, den Indianern sagen zu wollen: „Das moderne Leben bringt so viel Negatives mit sich, lasst euch lieber nicht darauf ein, denn es wird eure Kultur zerstören!" – Gleichzeitig nehmen wir es aber für uns selbst ganz selbstverständlich, die neuesten Errungenschaften der Technik zu genießen. Es ist einem Indianer schwer zu vermitteln, dass das, was für uns „gut" ist, anscheinend für ihn „nicht gut" sein soll... Auch wenn die meisten von ihnen im Vergleich zu uns noch wenig gebildet sind, dumm sind sie keineswegs!

Mir ist bewusst, dass ich mit meinen Ausführungen verallgemeinere. Bei über 50 noch existierenden Indianer-stämmen im peruanischen Urwald gibt es natürlich große Unterschiede von Gruppe zu Gruppe. Während die einen schon sehr „fortschrittlich" sind und dabei schon teilweise ihre Sprache und kulturelle Identität aufgeben, leben andere noch sehr traditionell. Dennoch ist bereits eine Entwicklung in Gange, die noch weitere und tiefgreifende Veränderungen mit sich bringen wird. Die große Frage ist, wie die Indianer diese Veränderungen bewältigen werden, die ihre ganzen wirtschaft-lichen und sozialen Ordnungen betreffen werden? Werden sie sich letztlich assimilieren, in der peruanischen Gesellschaft aufgehen und ihre ethnische Identität verlieren? Wie werden sie zu neuer Stabilität in ihrem Leben finden? – Und wer wird ihnen dabei helfen? Wird ihnen jemand dabei helfen – helfen können?

12. Weitere Entwicklungen seit 2007

Wie Sie während der Lektüre dieses Buches sicherlich festgestellt haben, thematisiere ich auch die Veränderungen, denen die indigene Bevölkerung in Peru ausgesetzt ist. Bereits schon 2007 schrieb ich in der Erstauflage: *„...die Welt der Indianer ist einem rasanten Wandel unterzogen."* (S. 12) Des Weiteren: *„Ich gehe davon aus, dass die kommenden Jahre noch größere Veränderungen für die indianische Bevölkerung bringen werden, als wir uns das derzeit vorstellen können."* – Genauso ist es! Und vor allem: viele Entwicklungen gehen wesentlich schneller voran, als ich das damals vermutet hätte.

Manche Veränderungen sind wirklich gewaltig, insbesondere wenn wir uns bewusst machen, dass es Ethnien gibt, in denen die Großelterngeneration im Prinzip noch in der Steinzeit lebte (vom technischen Standpunkt aus betrachtet) – deren Enkelgeneration aber bereits fleißig das Handy benutzt und im Internet surft!

Im Juli 2006 verließ ich zusammen mit meiner Familie das Ausbildungszentrum Cashibo, um nach Deutschland zurückzukehren. Im Rahmen meiner weiteren Zusammenarbeit mit FAIENAP, dem Dachverband der evangelischen Indianerkirchen des peruanischen Amazonastieflandes, reise ich seit 2007 fast jedes Jahr für einen Monat nach Peru. Während meiner Reise im Juli / August 2008 führte ich auch eine Schulung für die Studenten der Bibelschule in Cashibo durch. Bei dieser Gelegenheit erhielten sie auch ein von mir weiterentwickeltes Lehrmaterial, das sie zur Schulung ihrer Gemeinden einsetzen konnten. Ich bat die Studenten, mir bei Gelegenheit ein Feedback zu diesem Material zu geben und sagte: „Schreibt doch einfach einen Brief und schickt ihn hierher nach Cashibo an die Bibelschule, man wird diesen dann zu mir nach Deutschland weiterleiten". Da meldete sich einer der Studenten und fragte: „Können wir dir auch eine E-Mail schicken?" – Ehrlich gesagt hatte ich diese Frage nicht erwartet. Seit meiner Rückkehr nach Deutschland waren gerade einmal zwei Jahre vergangen, und ich konnte mich nicht erinnern, dass einer unserer Studenten ein E-Mail-Account gehabt hätte.

Inzwischen stelle ich Jahr für Jahr bei meinen Reisen fest, dass der technische Fortschritt in Peru nicht nur ganz allgemein rasant steigt, sondern auch die Nutzung moderner Technik durch die Indianer. Immer mehr Indianer haben ein eigenes E-Mail-Account, was mich natürlich sehr freut, denn es hilft mir, trotz der großen Entfernung den Kontakt zu halten. Mit manchen von ihnen bin ich sogar über Facebook befreundet. Zwar haben die wenigsten Indianer einen eigenen Computer, und es gibt auch (noch) nicht so viele Dörfer mit einem eigenen Internetanschluss. Aber in jedem wichtigeren Provinzstädtchen im Urwald, das über Strom und eine Satellitenantenne verfügt, gibt es in der Regel auch eine Art „Internet-Café". Die Handyrate steigt von Jahr zu Jahr, auch unter Indianern. Und selbst wenn man im eigenen Dorf noch keinen Empfang hat, haben viele trotzdem schon ein eigenes Mobiltelefon – meist sogar mit

Kamera. Die Telefongesellschaften arbeiten daran, den Empfang auch in immer abgelegeneren Gebieten möglich zu machen. Vielerorts hat das Telefon die Funkgeräte abgelöst.

Außer der Kamera im Handy verwenden immer mehr Indianer eine eigene Digital-Kamera. Das Foto (links) entstand im Jahr 2008, während der Jubiläumsfeier von FAIENAP. Gonzalo vom Stamm der Achuar hatte anlässlich der Feierlichkeiten die traditionelle Stammestracht - mit Federnkrone und Wickelrock - angelegt, und fotografierte fleißig mit seiner Digi-Cam.

Auch das Radio wird von einigen Gruppen schon seit einiger Zeit intensiv genutzt. In der Region von Pucallpa werden Sendungen in der Shipibo-Sprache ausgestrahlt. Jeiser, den ich im zweiten Kapitel erwähnt habe, hat eine Zeitlang eine Radiosendung moderiert. Bereits schon vor einigen Jahren hatte Jairo, ein Quechua-Pastor aus der Region San Martín, die Idee, zusammen mit seiner Gemeinde in Chazuta eine eigene christliche Radiostation aufzubauen. Der Weg dahin war lange und steinig. Es dauerte mehrere Jahre, um von den Behörden in Peru die Lizenz für einen Kurzwellen-Sender zu bekommen. Gleichzeitig mussten Finanzen für den Bau der Radiostation aufgetrieben sowie der Kontakt zu internationalen Organisationen gepflegt werden, die sich um die technische Ausstattung des Radiosenders und um die Schulung der Mitarbeiter kümmerten. Die Mühe hat sich gelohnt: im August 2012 ging „Radio Logos" erstmals auf Sendung. Inzwischen werden regelmäßig Sendungen ausgestrahlt – sowohl in Spanisch als auch in mehreren Indianersprachen. Die Sendungen werden von den Indianern selbst produziert. Teilweise werden Botschaften auch mit Hilfe eines Laptops im mp3-Format aufgezeichnet und diese auf einem USB-Stick von irgendwo her im Urwald, zur Sendestation in Chazuta geschickt. Die Gemeinde von Jairo in Chazuta hat übrigens schon vor dem Aufbau von „Radio Logos" das Radio aktiv zu genutzt. Bereits schon vor Jahren hatten sie damit begonnen, eigene Sendungen über eine lokale Radiostation auszu-strahlen. Als die FAIENAP-Konferenz im Jahr 2010 in Chazuta stattfand, war es somit auch etwas ganz Natürliches für sie, die Eröffnungsfeier „live" in einem lokalen Radio- und sogar Fernsehsender zu übertragen.

Der Einzug moderner Technik (und das Interesse vieler Indianer daran) ist nur eine Seite der Medaille. Wenn wir einen Blick auf die Ethnien im peruanischen Urwald werfen, dann sticht uns noch ein anderes – widersprüchliches – Phänomen ins Auge: Die aktuelle Entwicklung der ethnischen Gruppen bewegt sich zwischen den beiden Extremen „Isolation" und „Assimilation".

Derzeit gibt es – alleine im peruanischen Urwaldgebiet – etwa 14 bis 17 Ethnien, die in freiwilliger Isolation leben. D.h., diese Gruppen leben irgendwo im Urwald, ohne Kontakt zur Außenwelt zu pflegen. Das bedeutet nicht, dass diese Ethnien nicht wüssten, dass es da noch andere Menschen gäbe. Aber sie vermeiden den Kontakt meistens ganz bewusst. Das hat seine Gründe, manche liegen sogar schon sehr weit zurück. Einer davon ist der sogenannte „Kautschukboom", der ungefähr zwischen 1870 und 1915 seinen Höhepunkt hatte und sehr großen Einfluss auf das Leben vieler Stämme ausgeübt hatte. Es herrschte eine große Nachfrage nach Kautschuk, vor allem für den Export nach England. Dazu wurde ein breit angelegtes System von Händlern aufgebaut, angefangen bei der Gewinnung im Urwald bis zur Ankunft des Rohstoffs in Europa. An vorderster Front in diesem System standen die sogenannten „Kautschuk-Patrone" im Urwald, die ein Anwerbe-system von Kautschuk-Zapfern, meist Indianern, etablierten. Oft erhielten die Indianer eine Anzahlung in Form von Gegenständen (z.B. Macheten, Gewehren, Stoffen). Ihre Unkenntnis über den tatsächlichen Wert dieser Dinge, sowie ihre damalige Unkenntnis im „Umgang mit Papier" (d.h. Analphabetismus), wurde schamlos ausgenutzt. Es entwickelte sich Terrorsystem, um die Indianer zur Lieferung von Kautschuk und zur Erfüllung der eingegangenen Ver-pflichtungen zu zwingen. So wurde eine bewusste Abhängig-keit von den Patronen, bis hin zum Sklavenhandel, geschaffen. Anfang des 20. Jahrhunderts gab es alleine im Departamento Loreto (die Hauptstadt dieser Region ist Iquitos) ungefähr 28.000 Kautschuk-Zapfer.

Zur gleichen Zeit wurden viele Epidemien eingeschleppt, welche die Zahl vieler Ethnien beträchtlich dezimierte. Von den Huitoto lebten um das Jahr 1900 etwa 45.000 Menschen; heute zählt ihre Gesamtbevölkerung nur noch ungefähr 5.000.

Während der Zeit des Kautschukbooms zog sich eine ganze Anzahl von Ethnien bewusst in den Urwald zurück, um der Versklavung und Ausbeutung zu entgehen. Manche dieser

Gruppen öffneten sich 30 bis 50 Jahre später wieder für den Kontakt nach außen. Sie gründeten wieder Dörfer an den großen Flüssen und setzten sich dadurch den Einflüssen der sie umgebenden Welt und der sogenannten „Zivilisation" aus. Andere Gruppen, z.B. die Mashco-Piro, bleiben bis heute in freiwilliger Isolation. Nur gelegentlich kommt es zu Kontakten, z.B., wenn Werkzeuge (Macheten etc.) aufgebraucht sind und sie versuchen, Nachschub zu bekommen. Zufällige Begegnungen, z.B. mit Holzfällern, verlaufen nicht immer friedlich, denn die schlechten Erfahrungen ihrer Vorfahren haben sich tief ins kollektive Gedächtnis der Ethnie eingeprägt. Dazu kommt, dass es in neuerer Zeit immer wieder zu Morden an Indianern kam, deren Anwesenheit (illegalen) Holzfällern ein Dorn im Auge war. Daher reagieren diese isoliert lebenden Indianer mitunter aggressiv auf Außenstehende.

Im Jahr 2010 wurde in Peru eine Studie veröffentlicht („DESPOJO TERRITORIAL, CONFICTO SOCIAL Y EXTERMINIO – Pueblos indígenas en situación de aislamiento, contacto esporádico y contacto inicial de la Amazonía peruana".[8]), deren Titel man folgendermaßen übersetzen kann: "Enteignung des Territoriums, sozialer Konflikt und Vernichtung. – Indigene Völker des peruanischen Amazonasgebietes in Isolation, sporadischem Kontakt und erstem Kontakt." Die Lektüre dieser Studie ist sehr interessant, weil sie m.E. die Situation dieser besonders verwundbaren Völker sehr gut beschreibt. Darin geht es um Ethnien, die in acht verschiedenen Gebieten des peruanischen Urwaldes leben, und die Isolation m.o.w. bewusst als Überlebensstrategie gewählt haben. Diese Ethnien bestehen meist aus sehr kleinen Sippenverbänden, die zerstreut im Urwald leben. Aus mehreren Gründen sind sie sehr verwundbar: 1) Sie sind zahlenmäßig sehr kleine Gruppen. 2) Sie sind anfällig für

---

[8] Beatriz Huertas Castillo, *DESPOJO TERRITORIAL, CONFICTO SOCIAL Y EXTERMINIO – Pueblos indígenas en situación de aislamiento, contacto esporádico y contacto inicial de la Amazonía peruana. Informe 9 IWGIA – 2010* (Instituto de Promoción Estudios Sociales (IPES) y el Grupo Internacional de Trabajo sobre Asuntos Indígenas (IWGIA), 2010). www.iwgia.org/iwgia_files_publications_files/0459_INFORME_9.pdf

Epidemien, weil sie keine Antikörper für viele Infektions-krankheiten entwickelt haben. 3) Aufgrund ihres Lebensstils als Halbnomaden brauchen sie ein großes Territorium, um sich selbst versorgen zu können. Das ist typisch für Wildbeuter[9]. Von den Mashco-Piro ist z.B. bekannt, dass sie während des Jahres in einem sehr großen Gebiet zwischen den Flüssen Yuruá und Purús, im Grenzgebiet zwischen Peru und Brasilien unterwegs sind. Des Weiteren beschreibt diese Studie, dass diese Gruppen verschiedenen Bedrohungen ausgesetzt sind: 1) Illegalem Holzschlag. 2) Dem Eindringen von Holzfällern oder Siedlern. 3) Der Förderung von Erdöl oder Erdgas. 4) Straßenbauprojekten, wie z.B. Straßenverbindungen von Peru nach Brasilien. 5) Projekten zum Bau von Wasserkraftanlagen zur Elektrizitätsgewinnung (wobei der Strom v.a. nach Brasilien verkauft werden soll). 6) Krankheiten (Epidemien). Leider wird das Vorhandensein dieser Ethnien immer wieder geleugnet. Ein Grund dafür sind internationale Abkommen, wie z.B. die Konvention 169[10] der Internationalen Arbeitsorganisation (ILO-Konvention 169), in denen es um internationale Rechte für indigene Völker geht. Peru hat die ILO-Konvention 169 im Jahr 1994 ratifiziert. Darin ist u.a. vorgeschrieben, dass indigene Völker bei Vorhaben, die ihre Lebensweise bzw. ihr Lebensumfeld und Territorium stark beeinflussen, vorher konsultiert und um Zustimmung gebeten werden müssen. Dies ist insbesondere bei der Ausbeutung von Rohstoffen (Holz, Erdöl, Erdgas) der Fall. Eine Landkarte in der erwähnten Studie

---

[9] Der Ethnologe Prof. Dr. Lothar Käser schreibt dazu Folgendes: „Wildbeuterische Lebensweise bedeutet **extensive Landnutzung**. In Wirklichkeit benötigt diese Wirtschaftsform mehr Landfläche als alle anderen. Eine Faustregel besagt, daß die Landfläche, die für die Wirtschaft nötig ist, vom Wildbeutertum über die Viehzucht, den Ackerbau, das Pflanzertum bis hin zur Industriegesellschaft jeweils um den Faktor 7 abnimmt. Anders gesagt: Ein Individuum, das die Sicherung seiner Existenz in einer Industriegesellschaft auf einer Fläche von der Größe 1 betreiben kann, bräuchte dazu als Pflanzer eine Fläche von der Größe 7, als Ackerbauer schon eine solche von der Größe 49 usw. Dieser enorme Landbedarf ist eine wichtige Ursache für den Niedergang wildbeuterischer Kulturen in der Neuzeit." Lothar Käser, *Fremde Kulturen. Eine Einführung in die Ethnologie.* (Bad Liebenzell: Verlag der Liebenzeller Mission, 1997), S.61.
[10] http://www.ilo.org/indigenous/Conventions/no169/lang--en/index.htm

zeigt, dass es ausgerechnet in manchen Gebieten, in denen Ethnien in freiwilliger Isolation leben, besonders viele Rohstoffe gibt.[11] Bei der Leugnung der Existenz dieser Gruppen geht es um Folgendes: Wenn es diese Gruppen (offiziell) nicht gibt, dann müssen sie auch nicht konsultiert und um ihre Zustimmung zur Ausbeutung der Rohstoffe in ihrem Gebiet gebeten werden!

Aber immer wieder stößt man auf klare Hinweise für die Existenz dieser Ethnien. Berichte über zufällige Begegnungen oder sogar Zwischenfälle mit Angehörigen dieser Völker belegen diese. Von Zeit zu Zeit werden im Urwald Spuren von ihnen gefunden, wie z.B. verlassene Schutzhütten. Und manchmal stößt man sogar auf ganze Gruppen, wie z.B. bei einem Erkundungsflug der peruanischen Naturschutzbehörde am 18. September 2007 am Río Las Piedras. Von diesem Ereignis wurden Fotos – und sogar eine kurze Film-Dokumentation in einem peruanischen Nachrichtensender – veröffentlicht, die mehrere Schutzhütten, sowie eine Gruppe von Indianern auf einer Sandbank des Las Piedras-Flusses zeigen.

Beim Lesen dieser Studie wurde mir bewusst, dass es interessant und gleichzeitig auch erschreckend ist, wie sich die Geschichte irgendwie zu wiederholen scheint. Vor rund 100 Jahren waren die Ethnien im Amazonasgebiet durch den großen Bedarf an Kautschuk, vor allem bei uns in Europa, bedroht. Heute besteht die Bedrohung in unserem immensen Bedarf an anderen Rohstoffen, insbesondere an Erdöl.

Das andere Extrem, das in der Entwicklung indigener Gruppen zu beobachten ist, ist die Assimilation. Auch dafür gibt es Gründe. Innerhalb der peruanischen Gesellschaft stehen die Weißen (meist Nachkommen von Einwanderern oder der spanischen Eroberer) normalerweise ganz weit oben und die Indianer ganz weit unten. Dazwischen stehen die Mestizen (Mischlinge zwischen Weißen und Indianern), welche die große Mehrheit der peruanischen Bevölkerung ausmachen. Ihre Kultur und Sprache dominieren mehr oder weniger das Leben

---

[11] *DESPOJO TERRITORIAL, CONFICTO SOCIAL Y EXTERMINIO*, S. 39.

im Land. So ist es verständlich, dass viele Indianer den Diskriminierungen als „unzivilisierte Wilde" und auch den Benachteiligungen aufgrund mangelnder Bildung und fehlender Sprachkenntnisse (Spanisch ist meist nur Zweitsprache, die aber innerhalb der Stammesgruppe kaum gesprochen wird) entgehen wollen. Manche wählen dabei den Weg der Assimilation, d.h. des Aufgebens ihrer eigenen kulturellen Identität. Sie wollen Mestizen sein und auch so leben wie diese.

Schon seit mehreren Jahrzehnten lässt sich beobachten, wie viele Quechua-Indianer im Bergland von Peru ihre Sprache – und damit auch einen Teil ihrer kulturellen Identität – aufgegeben haben. Viele Peruaner aus dem Bergland, die von ihrem Ursprung her eigentlich Quechua sind, haben ihre eigene Sprache nie gelernt. Ich erinnere mich an eine junge Frau, die ich in Huánuco kennengelernt habe. Sie berichtete, wie sie die ersten Jahre ihrer Kindheit in ihrem Heimatdorf in den Bergen lebte, und dort als Kind auch Quechua sprach. Als sie ins schulpflichtige Alter kam, wurde sie zu Verwandten in die Stadt geschickt und besuchte dort die Schule. Außerdem zwang man sie vonseiten ihrer Verwandtschaft, nur noch Spanisch zu sprechen. Sie verlernte ihre eigentliche Muttersprache völlig!

Auch manche Ethnien im Urwald tendieren zur Assimilation. Zum Teil handelt es sich dabei um Einzelpersonen, die ihr Dorf verlassen, in der Stadt leben, und sich völlig in ihr neues Lebensumfeld einfügen. Teilweise betrifft das aber auch ganze Dörfer oder sogar Ethnien. Bei den Quechua in der Region San Martín (die Hauptstadt der Region ist Tarapoto) lässt sich beobachten, dass viele Kinder und Jugendliche nur noch Spanisch sprechen. Auch in manchen Asheninca-Dörfern am Río Pichis ist diese Tendenz festzustellen. Ebenso auch bei manchen Ethnien am Amazonas, die schon sehr lange in Kontakt mit Mestizen sind. Angehörige dieser Stämme verkleiden sich dann bei Events mit Touristen als „echte, wilde Indianer" und führen traditionelle Tänze auf, um damit etwas Geld zu verdienen.

Zwischen diesen beiden Extremen, der „Isolation" und der „Assimilation", gibt es einen dritten Weg, den viele Gruppen beschreiten. Es ist quasi eine Art „Mittelweg". Einerseits sind sie für die Möglichkeiten der „modernen Welt" offen und möchten am Fortschritt teilhaben. Gleichzeitig besinnen sie sich aber auf ihre eigene kulturelle Identität als eigenständige Ethnie. D.h., die Angehörigen dieser Gruppen gewinnen einerseits ein neues Selbstbewusstsein und bekennen sich zu ihrem indigenen Hintergrund. Gleichzeitig gehen sie in die Offensive und fordern die Anerkennung und den Respekt der übrigen Gesellschaft in Peru – und ein Ende von Diskriminierungen und Benachteiligungen. Damit verbunden ist auch die Forderung nach Gewährung der Rechte, die ihnen gemäß der peruanischen Verfassung sowie aufgrund internationaler Abkommen, wie z.B. der ILO 169-Konvention, zustehen. Dieser Weg führt auch zu Konflikten und Zusammenstößen. Immer wieder kommt es zu Generalstreiks und Straßenblockaden. Oder sogar, wie im September 2011, zu einer Flussblockade, mit der die Shuar am Río Morona gegen die Aktivitäten einer Erdölgesellschaft protestierten, die wohl ohne vorherige Konsultation und das Einverständnis einiger Indianerdörfer durchgeführt wurden.

Zum bisher gravierendsten Konflikt in der jüngeren Geschichte kam es am 5. Juni 2009 in Bagua und Umgebung. Bei blutigen Zusammenstößen zwischen der Polizei und Indianern gab es über dreißig Todesopfer (meist Polizisten) und über einhundert, zum Teil sehr schwer Verletzte (meist Indianer). Der Hintergrund dieser Auseinandersetzungen war, dass die damalige peruanische Regierung die Ausbeutung von Bodenschätzen durch meist ausländische, multinational operierende Unternehmen erleichtern wollte. Viele Indianer sehen dadurch ihren Lebensraum bedroht – denn viele Gruppen haben bereits schon entsprechende schlechte Erfahrungen gesammelt, die sich herumgesprochen haben. So protestierten damals fast zwei Monate lang indianische Einwohner, sowohl aus der Anden- wie auch aus der Amazonasregion, gegen die Art und Weise, wie der Staat und Unternehmen in die Ausbeutung von Bodenschätzen investieren wollten. Dabei wurden viele Straßen blockiert, u.a. auch die nach Bagua. Nach 54 Tagen friedlichem Protest kam es zu einer Eskalation. Offiziellen Berichten zufolge hätten die Indianer die Sicherheitskräfte zuerst angegriffen. Allerdings gibt es viele Quellen, die bezeugen, dass zunächst aus Polizeihubschraubern Schüsse und Tränengasgranaten abgefeuert wurden. Zwei belgische Volontäre einer Nichtregierungsorganisation, die sich gerade in Bagua aufhielten, haben die Ereignisse beobachtet und durch entsprechende Fotos dokumentiert.[12] Ich selbst habe mir, nachdem ich aus Peru Nachrichten von den Ereignissen erhielt, zahlreiche Filmdokumentationen im Internet angeschaut und war von der Brutalität der Vorgänge schockiert. Der damalige Präsident, Alan Garcia, äußerte in den Diskussionen, die diesen Ereignissen folgten, dass die Indianer „nicht Staatsbürger erster Klasse" wären.[13] – Die Kluft zwischen der Regierung in Lima (viele Menschen dort haben relativ wenige Kenntnisse von den Indianern und ihrer Kultur) und den Ethnien wird durch diese Aussagen besonders deutlich.

Immer mehr Indianer werden in der Politik aktiv. Miguel Hilario, ein Shipibo, war m.W. der erste Indianer aus dem peruanischen Amazonasgebiet, der an einer Universität in den USA (Stanford) studiert (Politik und Anthropologie) und dort einen Doktortitel erworben hat. Er kandidierte im Jahr 2011 bei den Präsidentschaftswahlen, hatte aber keine Chance. Außerdem kandidierten bei den gleichzeitig stattfindenden Parlamentswahlen auch mehrere Urwaldindianer. Teresita Antazú, eine Yanesha, die sich seit vielen Jahren in Indianerorganisationen für die Rechte der Indigenen einsetzt, war eine der Kandidatinnen, wurde aber nicht gewählt. Dafür wurde Eduardo Nayap Kinin, ein Awajún (Aguaruna), zum

---

[12] http://catapa.be/en/north-peru-killings

[13] Originalzitat (Hervorhebung durch den Autor): "Ya está bueno, estas personas no tienen corona, **no son ciudadanos de primera clase** que puedan decirnos 400 mil nativos a 28 millones de peruanos tu no tienes derecho de venir por aquí, de ninguna manera, eso es un error gravísimo y quien piense de esa manera quiere llevarnos a la irracionalidad y al retroceso primitivo", remarcó." Peru.com, *Presidente Alan García advierte a nativos: "Ya está bueno de protestas"* (veröffentlicht am 05.06.2009) www.peru.com/noticias/portada20090605/37781/Presidente-Alan-Garcia-advierte-a-nativos-Ya-esta-bueno-de-protestas (Zugriff am 27.06.2013).

Kongressabgeordneten für die Region Amazonas gewählt. Er ist von Beruf Soziologe sowie evangelischer Pastor. Bei der Vereidigung als Abgeordneter erschien er mit der traditionellen Federnkrone seines Stammes und seinen Amtseid legte er in seiner Muttersprache Awajún ab. Man darf gespannt sein, welche Möglichkeiten er als Abgeordneter wirklich hat; die an ihn gestellten Erwartungen – von indianischer Seite – sind auf jeden Fall hoch.

Es gäbe noch sehr vieles zu den Veränderungen und Herausforderungen zu sagen, denen die indigene Bevölkerung im peruanischen Urwald ausgesetzt ist. Nach meinen Beobachtungen spielen die folgenden Themen dabei eine Schlüsselrolle:

1. Der Griff nach Rohstoffen. Damit verbunden sind Gefahren wie die Verschmutzung der Umwelt (insbesondere der Gewässer) und die Zerstörung der Lebensbedingungen.

2. Der Straßenbau und das weitere Vordringen von Siedlern in den Urwald. Damit verbunden ist auch eine weitere Abholzung des Urwaldes, da das Holz auf Straßen leichter abtransportiert werden kann.

3. Die Gesundheitsversorgung ist in vielen Gebieten des Urwalds nach wie vor (sehr) mangelhaft. Auch die Bedrohung durch Krankheiten wie Aids ist nicht zu unterschätzen.

4. Die Versorgung der wachsenden Bevölkerung im Urwald wird zunehmend schwieriger.

   1) Die Wild- und Fischbestände werden immer weiter reduziert, was die Suche nach Alternativen erforderlich macht, z.B. Vieh- oder Kleintierzucht. Jede Alternative zieht jedoch weitere Veränderungen der Lebensweise nach sich.

   2) Das Urwaldgebiet ist zwar sehr groß, allerdings gibt es viel Schwemmland, das in der Regenzeit regelmäßig wochenlang überflutet wird und für Felder nicht geeignet ist.

   3) Während sich die Menschen früher hauptsächlich mit dem versorgten, was sie im Urwald vorfanden, werden heute immer mehr Produkte, die von außen kommen,

verwendet und konsumiert. Durch äußere Einflüsse werden viele neue Bedürfnisse geweckt (und durch das Fernsehen und Internet verstärkt). Die Deckung dieser Bedürfnisse ist meist sehr kostspielig. Dies bringt eine wachsende Abhängigkeit von Geld, sowie die beständig steigende Notwendigkeit diese finanziellen Mittel zu beschaffen, mit sich. Somit ist die traditionelle Selbstversorgung der Familie immer weniger gewährleistet und es entstehen neue Abhängigkeiten.

5. Unter den Indianern ist ein großer Wunsch nach Bildung festzustellen. Viele wollen nicht, dass die eigene Volksgruppe und / oder die eigenen Kinder den Anschluss an die übrige Gesellschaft verlieren und zurückbleiben.

So darf man sehr gespannt sein, wie die weitere Entwicklung in den verschiedenen Ethnien des Amazonasgebietes voranschreiten wird. Wie ich bereits gegen Ende des ersten Kapitels schrieb: *„Die Indianer werden letztlich selbst bestimmen, wie sie leben wollen ...“* – so weit sie wirklich die Möglichkeit und den Spielraum haben, eigene Entscheidungen zu treffen. Für mich bleibt die große Frage offen: Wie werden es die Menschen schaffen, die großen Veränderungen in der Gegenwart und Zukunft innerlich zu verarbeiten und sich an die neuen Gegebenheiten anzupassen, ohne dabei ihre Identität und die Hoffnung auf Zukunft zu verlieren? Gleichzeitig wird mir die große Herausforderung bewusst, vor der letztlich all diejenigen stehen, die den Ethnien im Amazonasgebiet in irgendeiner Weise weiterhelfen wollen. Ihnen stellt sich die Aufgabe, die Indianer bei diesen Veränderungen ein Stück weit zu begleiten und sie sinnvoll zu beraten – und dabei auch die von ihnen selbst getroffenen Entscheidungen zu respektieren.

Weitere Bücher von Jürgen H. Schmidt

Jürgen H. Schmidt: **Basics interkultureller Kommunikation. Bausteine für die Entwicklung interkultureller Kompetenz.** Norderstedt: Books on Demand, 2012.
- Printausgabe: ISBN 978-3-8448-1992-2, Paperback, 144 Seiten, Preis: Euro 11,95 (inkl. MwSt).
- eBook-Ausgabe: ISBN 9783844848427 Preis 9,49 EUR (inkl. MwSt.).

Inzwischen ist auch die spanische Ausgabe von Basics interkultureller Kommunikation erhältlich:
Jürgen H. Schmidt: **La Comunicación Intercultural. El desafío de la comunicación entre dos culturas.** *Norderstedt: Books on Demand, 2014.*
- Printausgabe: ISBN 978-3-7322-6381-3, Preis: Euro 9,49 (inkl. MwSt.).
- eBook-Version: ISBN 9783735726094, Preis: Euro 7,49 (inkl. MwSt.).

Weitere Infos unter: www.basics-interkultureller-kommunikation.de

Jürgen H. Schmidt: **Weihnachten ohne Jesus? – Den Grund für Weihnachten neu entdecken.** *Norderstedt: Books on Demand, 2014.*
- Printausgabe: ISBN 978-3-8391-1721-7, 64 Seiten, Paperback, Preis: Euro 4,80 (inkl. MWSt.).
- eBook-Version: ISBN 9783839161104, Preis: Euro 2,99 (inkl. MwSt.).

Jürgen H. Schmidt: **Glaubensspuren – von Böhmen nach Sachsen. Johannes Hus und Nikolaus Ludwig Graf von Zinzendorf.** *Norderstedt: Books on Demand, 2014.*
- Dieses Buch ist ausschließlich als eBook erhältlich.
- ISBN 9783734710438, Preis: Euro 2,99 (inkl. MwSt.).

Weitere Informationen zu den Büchern von Jürgen H. Schmidt finden Sie im Internet unter: www.jürgenschmidt.net

Buchempfehlung für Krimi-Freunde:

Martina Link:
Frühlingsmord
Blutüberströmt wird Fabian Fischer im Schnee vor seinem eigenen Haus tot aufgefunden. Für Kommissar Hepperle und seine Assistentin Eisele kein einfacher Fall, denn diverse Frauen in der Umgebung des Toten hatten gute Gründe dafür, ihn ins Jenseits zu befördern...

Norderstedt: Books on Demand, Pb., 168 S., Preis: € 11,90 (inkl. MWSt.)
ISBN 978-3-8423-6305-2

Weitere Infos unter:
www.martinalink.de

Martina Link:
Die Tote in der Geisterbahn
Eigentlich wollten Eisele und Benner ihren freien Tag gemütlich im nahegelegenen Freizeitpark verbringen. Doch gleich bei der ersten Fahrt in der Geisterbahn machen sie eine schreckliche Entdeckung. Ein weiterer aufregender Fall für Kommissar Hepperle und Anna Eisele...

Norderstedt: Books on Demand, Pb., 152 S., Preis: € 11,90 (inkl. MWSt.)
ISBN: 978-3-8482-1010-7